Mais Nietzsche na Psicanálise!

Glauter Rocha

Mais Nietzsche na Psicanálise!

ISBN: 978-65-00-47723-8

Dados Internacionais de Catalogação na Publicação (CIP)
(Câmara Brasileira do Livro, SP, Brasil)

Rocha, Glauter
Mais Nietzsche na psicanálise! / Glauter Rocha ; tradução Consuelo Carolina Sanhueza Arancibia Patitucci. -- Brasília, DF : Ed. do Autor, 2022.

Título original: !Más Nietzsche en psicoanálisis!
Bibliografia.
ISBN 978-65-00-47723-8

1. Freud, Sigmund, 1856 -1939 2. Nietzsche, Friedrich Wilhelm, 1844-1900 3. Psicanálise I. Título.

22-116181 CDD-150.195

Índices para catálogo sistemático:

1. Psicanálise 150.195

Aline Graziele Benitez - Bibliotecária - CRB-1/3129

Imagem da capa: vecteezy.com

"Em muitos casos a investigação psicanalítica laboriosa pôde apenas confirmar as verdades que o filósofo [Nietzsche] reconheceu por intuição".

Freud, em A História do Movimento Psicanalítico (1914).

Agradecimentos

Agradeço a Rejane Castro, a Ana Luiza Codes, a Gilvano Araújo e a Orestes Sales pelo incentivo, apoio e valiosos comentários. Sou grato também aos colegas do Grupo de Leitura de Freud, de Intersecção Psicanalítica do Brasil, pelas discussões estimulantes que muito me ajudaram a refletir sobre os temas abordados neste trabalho. E ainda a Arnaldo Coresi e a Antônio Jaldo, meus analistas.

Sumário

1 Por que Nietzsche?

Contrastar as obras de Nietzsche e Freud é um desafio estimulante e promissor, ainda que envolva questões controversas. Além das dificuldades inerentes às comparações entre diferentes formulações teóricas, pode afrontar postulados da teoria psicanalítica. É verdade que ambos apresentam distintos propósitos e maneiras de pensar, lidar e resolver as questões que se colocaram. Mesmo assim, há que se reconhecer, sob qualquer perspectiva, a dívida teórica de Freud para com Nietzsche.

De fato, semelhanças (e diferenças) entre suas construções e pressupostos teóricos já foram apontadas por diversos pensadores. Paul-Laurent Assoun, por exemplo, e psicanalistas líderes, como Ernest Jones e Didier Anzieu, além de outros, reivindicam os créditos de Nietzsche pela teoria psicanalítica. No entanto, como o próprio Freud apontou, a originalidade não está entre os objetivos e prioridades que o trabalho psicanalítico estabelece para si.

O relacionamento entre as obras evidencia-se em sugestões de correspondência, por exemplo, entre o recalque em Freud e a inibição em Nietzsche; o supereu e o sentimento de culpa freudianos e os conceitos de ressentimento, má consciência e falsa moral nietzschianos. Ademais, evidencia-se a antecipação de vários outros processos e conceitos, como o retorno dos impulsos sobre si mesmos, as imagens paternas e maternas e a renúncia às pulsões imposta pela civilização.

Mais interseções podem ser apontadas. Nietzsche baseou sua construção em premissas e conclusões muito semelhantes aos pressupostos teóricos e achados clínicos em que Freud posteriormente ancorou a psicanálise – a primazia do pensamento inconsciente; a importância do desamparo infantil, da linguagem e do componente filogenético; e, principalmente, o imperativo dos instintos (Nietzsche)/pulsões (Freud) e o papel da cultura.

Foram também mobilizados pelas mesmas inquietações: como nos tornamos o que somos? Por que sofremos por isso? Como podemos nos libertar dessa condição?

Ao longo de sua obra, o filósofo articulou de forma não linear e não cronológica um elaborado sistema sobre a construção da estrutura subjetiva de nossa espécie e sobre a cultura da sua época. Para tanto, desenvolveu alguns conceitos fundamentais, os quais originaram uma sofisticada cosmologia e uma teoria geral do homem e da vida.

Na "A História do Movimento Psicanalítico", o próprio Freud chegou a reconhecer que, em muitos casos, a meticulosa pesquisa psicanalítica só poderia confirmar as verdades intuitivamente alcançadas por Nietzsche. Relata, inclusive, que por vezes se negou a leitura daquelas obras, com o propósito deliberado de não prejudicar, com qualquer tipo de ideias antecipatórias, a elaboração das impressões recebidas na psicanálise.

Ele também sabia que a pesquisa psicanalítica não poderia, assim como um sistema filosófico, produzir uma estrutura teórica completa e acabada – teria que encontrar seu rumo passo a passo, ao longo do caminho da compreensão das complexidades da psiquê, por meio da dissecação analítica de fenômenos normais e anormais.

O fato é que, partindo de um terreno comum, ambos percorrem caminhos que se cruzam e se somam em vários pontos das suas obras. Explorar essas interseções e complementaridades pode ajudar a ampliar nosso entendimento sobre o mundo e o homem atuais, assim como pensar, ou especular, sobre contribuições do filósofo para a psicanálise, apoiando o desenvolvimento e a evolução da teoria e da clínica.

Daí a importância de se trazer mais de Nietzsche para o campo psicanalítico! Confrontos, articulações e análises de conceitos nietzschianos e freudianos têm o potencial de apontar veios de expansão da área e da formação do analista. É isso o que, sem pretensão ou ilusão de ser exaustivo ou definitivo, procuro fazer nos capítulos que se seguem. A tentativa é de, sempre que possível, ampliar as perspectivas da psicanálise freudiana, jamais questionar sua validez.

Mas por que Freud? Por que não Lacan, Klein, Winnicott, ou tantos outros teóricos da psicanálise? Certamente, o confronto de conceitos da teoria nietzschiana com os achados clínicos e as contruções teóricas desses pensadores também trariam contribuições importantes para a expansão do campo da psicanálise. A opção por Freud se deve à intenção de manter o foco nos pilares, nos fundamentos, da teoria psicanalítica, que foram, reconhecidamente, por ele arquitetados, servindo de marco teórico para seus contemporâneos e sucessores.

Este trabalho se dedica, portanto, a ensaiar uma triangulação dos conceitos-chave do filósofo da suspeita, Nietzsche, e do pai da psicanálise, Freud, entendendo que seus resultados podem servir de ponto de partida para inferências, deduções ou conclusões que se estendem às mais diferentes abordagens da psicanálise pós-freudiana.

A estratégia aqui adotada consiste em confrontar os elementos centrais das duas teorias, especialmente: inconsciente, aparelho psíquico, sujeito, pulsão, cultura, religião e moral. Observados sob ângulos distintos, é possível compreender como diferentes pressupostos e premissas os afetam, permitindo extrair lições e aportes para a teoria e a clínica psicanalíticas.

Ainda que sem a pretensão do rigor científico, a inspiração dessa abordagem está na Triangulação Metodológica de Norman Denzin[1]. Esse método define como estratégia de pesquisa a combinação de duas ou mais teorias, arcabouços, fontes de dados ou métodos de investigação de um fenômeno, em vez de estabelecer previamente um dado enfoque norteador, tal como se faz em muitos estudos qualitativos. Esse procedimento encontra plena adaptação à natureza fértil e movediça do campo da psicanálise.

Ao considerar e confrontar as diferentes correntes teóricas que explicam o objeto de estudo, a triangulação supera vieses que podem surgir na análise da realidade social quando se utiliza uma única perspectiva teórica. Essa multiplicidade de "olhares" permite que se constatem hipóteses já levantadas, assim como enseja hipóteses alternativas. Além disso, ao possibilitar a visualização de um problema sob diversos ângulos, a triangulação, de qualquer tipo, tem o potencial de aumentar a validade e a consistência dos achados.

A lógica da triangulação assemelha-se à técnica de medição de distâncias horizontais, utilizada no levantamento topográfico de terrenos e na elaboração de mapas: a partir de um ponto de referência no espaço, só é possível localizar uma pessoa na linha traçada em relação àquele ponto; entretanto, ao se utilizarem mais dois pontos de referência (de modo a formar um triângulo), outras orientações tornam-se possíveis, assim como o surgimento de interseções.[2]

---

[1] Denzin, N. K. (1970). The Research Act: A Theoretical Introduction to Sociological Methods.

[2] Benavides y Gómez-Restrepo (2005)

Metaforicamente, isso reflete o objetivo do pesquisador na busca de padrões de convergência, para que se possa desenvolver ou apoiar uma interpretação mais global do fenômeno investigado.

Na triangulação, achados corroboram-se quando duas estratégias apresentam resultados muito similares. Quando diferentes, abrem-se oportunidades de desenvolvimento de perspectivas mais amplas e complexas sobre a interpretação do fenômeno em questão. Qualquer que seja o rumo, o enriquecimento é certo – seja em aprofundamento, expansão ou renovação de conhecimento acerca do objeto estudado.

É nessa perspectiva, de fortalecer resultados ou de abertura para interpretações mais amplas, que se desenvolvem os demais capítulos, a exceção dos capítulos 2 e 3, que percorrem, separadamente, os principais conceitos e postulados teóricos de Nietzsche e Freud, trazendo uma descrição geral de suas teorias. O capítulo 4 apresenta uma abordagem comparativa das concepções de aparelho psíquico, sujeito e inconsciente. Os capítulos 5 e 6 exploram e articulam suas teorizações sobre os instintos, as pulsões. No capítulo 7, o foco é colocado em suas percepções sobre cultura, religião e moral. Já no capítulo 8, são exploradas mais uma vez as confrontações das construções teóricas abordadas nos capítulos anteriores, buscando extrair lições e aportes para a teoria e a clínica psicanalítica. Por fim, o capítulo 9 traz uma breve conclusão, na forma de resumo executivo dos principais achados do trabalho.

2 Nietzsche: “o primeiro psicólogo”

Já desde o início de sua trajetória, Nietzsche (1844–1900) manifestava inquietações muito semelhantes às que norteariam toda a obra de Freud algum tempo depois. Em sua "Terceira Consideração Intempestiva..." (1874), ele argumenta que é necessário "mergulhar nas profundezas da existência, com uma série de perguntas insólitas nos lábios: por que vivo? Que lição devo aprender da vida? Como me tornei o que sou e por que sofro então com esse ser-assim?”.[1]

Além disso, assim como Freud, a seu modo, seu interesse passava pela constituição da estrutura subjetiva de nossa espécie, já desde os tempos mais remotos da infância. No quinto livro de "A Gaia Ciência" ele ressalta:

> (...) Que as nossas ações, pensamentos, sentimentos e ainda movimentos, cheguem até a nossa consciência – pelo menos uma parte deles –, é a consequência de um terrível, de um longo “é necessário”, reinando sobre o homem: ele necessitava, como o animal mais ameaçado, de auxílio, de proteção, ele necessitava do seu semelhante, ele tinha que exprimir sua indigência, de saber tornar-se inteligível – e, para tudo isso, ele necessitava,

---

[1] Nietzsche, F. W. (2003a). III Consideração Intempestiva: Schopenhauer Educador, § 4.

em primeiro lugar, de "consciência", por tanto, de "saber" ele mesmo o que lhe falta, de "saber" como se sente, de "saber" o que pensa.

Acrescenta ainda:

> O homem, como toda criatura viva, pensa continuamente, mas não sabe disso; o pensamento que se torna consciente é apenas a mínima parte dele, e nós dizemos: a parte mais superficial, a parte pior: - pois apenas esse pensamento consciente ocorre em palavras, isto é, em signos de comunicação; com o que se revela a origem da própria consciência. Dito concisamente, o desenvolvimento da linguagem e o desenvolvimento da consciência (não da razão, mas apenas de tomar-consciência-de-si da razão) vão de mãos dadas.[2]

Disso conclui que "(...) a consciência não faz parte propriamente da existência individual do homem, mas antes daquilo que nele é da natureza da comunidade e do rebanho". Consequentemente, assegura ele, cada um de nós, com a melhor vontade de compreender a si mesmo tão individualmente quanto possível, sempre trará à consciência, justamente o não-individual em si - o pensamento "maiorizado" e "traduzido" para a perspectiva do rebanho. Por fim, completa: tornar consciente está associado a uma "grande e radical corrupção, falsificação, superficialização e generalização".

Em "Humano Demasiado Humano", defende que o valor de um indivíduo não pode ser apreciado tomando-o como "função da massa gregária" e, ainda, que a criação cultural não pode ser orientada para

---

[2] Nietzsche. A Gaia Ciência., p. 354.

satisfazer as necessidades do rebanho. A professora Scarlett Marton[3] nos lembra que o filósofo defende, em "A Gaia Ciência" (§ 347), que é imperativo salvaguardar a liberdade interior e, ao mesmo tempo, impor-se rigorosa disciplina para desenvolver a cultura. A liberdade interior leva à rebelião contra toda autoridade e revolta contra toda crença; a disciplina rigorosa leva a abandonar hábitos, abandonar o conforto, renunciar à segurança.

É a partir dessa lógica que Nietzsche se torna o grande advogado da necessidade e a urgência da "transvaloração de todos os valores" de seu tempo. É neste contexto que desenvolve as "ferramentas" da "noção de valor" e do "procedimento genealógico".

Em sua "Genealogia da Moral", o filósofo fez uma crítica aos valores morais, começando pelo valor dos próprios valores. Defendeu que "[...] precisamos de uma crítica dos valores morais, o próprio valor desses valores deverá ser questionado – para isso é preciso um conhecimento sobre as condições e circunstâncias em que nasceram, sob as quais se foram desenvolvendo e modificando."[4]

Para ele, os valores foram criados em algum momento e em algum lugar – "eles surgem, transformam-se, desaparecem, dão lugar a outros". Eles não são metafísicos. Estão escritos na história e, portanto, podem ser questionados. Para avaliá-los, criou o "procedimento genealógico".

O "procedimento genealógico" configurou-se como um instrumento de diagnóstico que lhe permitiu desenvolver uma avaliação dos valores morais de seu tempo. Seu método envolve duas etapas principais. Na primeira, são relacionados os valores com o momento em que foram

---

[3] Marton. Nietzsche: a transvaloração dos valores.

[4] Nietzsche. Genealogia da moral: uma polêmica, p. 12.

criados. Ou seja, relaciona-os ao modo de avaliar que os criou. Na segunda, é feita uma avaliação dessas próprias formas de avaliar.

Sobre essa dupla tarefa de genealogia, a professora Scarlett Marton enfatiza que não basta mostrar que os valores foram gerados a partir de lógicas diferentes, por diferentes perspectivas avaliativas. Também é necessário investigar de qual valor elas partiram para criá-los. "Na ótica nietzschiana, a questão do valor tem um duplo caráter: os valores supõem avaliações, que lhes dão origem e conferem valor; as avaliações, por sua vez, ao criá-los, supõem valores a partir dos quais avaliam".[5]

Aplicando esse instrumento diagnóstico, na "Genealogia da Moral", Nietzsche diferencia duas morais – ou duas formas de avaliar – que, historicamente, concorrem na formação da moral de seu tempo: a Moral dos Nobres, dos Fortes, dos Senhores (ou o modo nobre de avaliar) e a Moral dos Ressentidos, dos Fracos, dos Escravos (ou o modo ressentido de avaliar). Na primeira, o "nobre" começa criando o valor "bom", que ele atribui a si mesmo. Depois de algum tempo – "como uma pálida imagem contraste" – inventa o valor "mau", que atribue aos fracos, aos desprezíveis, aos incapazes de lutar. Na segunda, os "ressentidos" começam por inventar o valor "mau", com o qual designam precisamente os fortes. E, se "ele" é "mau", então eu sou "bom".

Mas é a moral – ou a forma de avaliar – dos nobres melhor ou pior que a dos ressentidos? É então necessário avaliar as próprias avaliações. Esse é precisamente o objetivo do segundo movimento do "procedimento genealógico" de Nietzsche.

E o "bom" com o qual vamos avaliar, é de qual moral, dos ressentidos ou dos nobres? Para não cair em um círculo vicioso, foi

---

[5] Marton. Nietzsche: a transvaloração dos valores, p. 16.

preciso que o filósofo encontrasse um critério de avaliação que se impusesse por si mesmo, que não pudesse ser avaliado, como lembra a professora Scarlett Marton. O único critério que se impõe por si mesmo, segundo ele, é a vida: "O valor da vida não pode ser avaliado. Não por um vivente, porque ele é parte interessada, e até mesmo objeto de litígio, e não juiz; não por um morto, por outra razão".[6]

Com isso, reformula a pergunta anterior: a forma nobre ou ressentida (ou qualquer outra) de avaliar contribui para a expansão e exuberância da vida ou para sua "degeneração"? Essa passa a ser a questão genealógica.

E o que Nietzsche quer dizer com vida? A vida nada mais é do que "vontade de poder" em movimento, uma vontade orgânica de todo ser vivo. Em torno dela, organiza sua defesa da "transvaloração de todos os valores", a partir de um novo terreno, em consonância com o corpo, com a terra. Essa transvaloração consiste, portanto, em instituir os valores a partir de novas bases, fundados não na vida após a morte, não na metafísica. Em suma, qualquer apreciação de qualquer ordem – moral, política, religião, ciência, arte, filosofia – deve ser examinada pelo filtro da vida. E a vida, segundo ele, é "vontade de poder".

A crítica dos valores de Nietzsche é baseada em uma visão de mundo. A sua genealogia repousa em uma cosmologia sofisticada, que procura estabelecer uma intersecção entre as ciências naturais e as do espírito, da mente. Assim, como afirma a professora, "a originalidade da genealogia está em operar com a noção de valor; sua limitação, em repousar sobre uma cosmologia".[7]

Neste ponto, é importante abrir um parêntese neste capítulo para falar sobre essa cosmologia, para fazer uma elaboração breve e

---

[6] Nietzsche apud Marton (1993), p. 61.

[7] Marton. Nietzsche: a transvaloração dos valores, p. 72.

integrada de alguns dos conceitos nietzschianos essenciais para compreender aquela "vida" em torno da qual ele organizou sua proposta de "transvaloração": a vontade de poder; a teoria das forças; a morte de Deus; o niilismo; o além-homem; o eterno retorno; o *amor fati*.

Além disso, para facilitar uma compreensão integrada, e arriscando alguma – ou talvez demasiada – imprecisão desde um ponto de vista teórico-conceitual, tentarei esboçar um esquema geral desses conceitos nietzschianos, linearmente dispostos na Figura 01 – embora essa linearidade fuja completamente de seu estilo, que optou intencionalmente por uma escrita não-sistemática, experimental, perspectivista e, inclusive, inacabada.

Figura 01: Um esquema geral dos conceitos nietzschianos

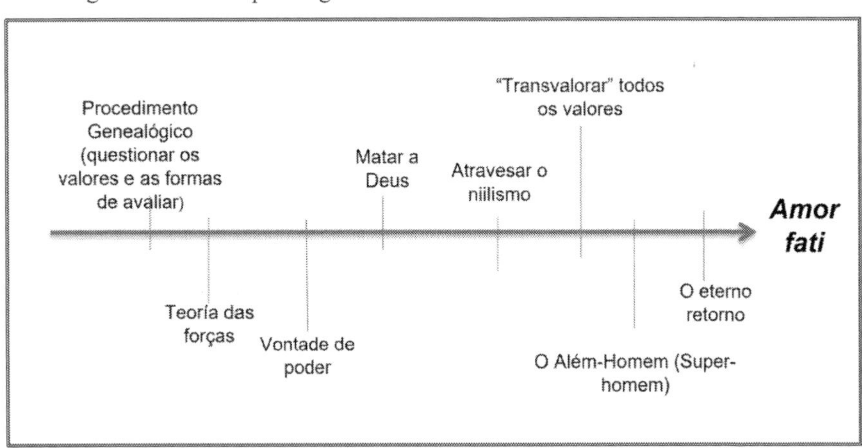

Fonte: Elaboração própria

Na articulação desses conceitos, delineia-se o percurso entre o homem e o Super-homem – que requer uma postura ativa, justificada em uma "cosmologia científica". Concebido como um ser em permanente construção, o Super-homem de Nietzsche é o resultado de um processo de autoconhecimento que passa por: questionamento e reinvenção de seus valores; abandono dos pilares metafísicos desses valores; e travessia do niilismo, rumo ao estado de *amor fati*, ponto culminante da superação do homem.

Em uma de suas obras mais maduras – "Assim falou Zaratustra" –, Nietzsche resume bem essa concepção:

> O homem é uma corda estendida entre o animal e o Super-homem: uma corda sobre um abismo; perigosa travessia, perigoso caminhar; perigoso olhar para trás, perigoso tremer e parar.
> O que é de grande valor no homem é ele ser uma ponte e não um fim; o que se pode amar no homem é ele ser uma passagem e um ocaso.[8]

Agora uma breve descrição de cada um deles, individualmente:

A vontade de poder (*Der Wille zur Macht*)

Em "Assim falou Zaratustra", Nietzsche passa a identificar a vida como "Vontade de poder". Ele a entende como uma vontade orgânica, que se exerce nos órgãos, nos tecidos, nas células e nos numerosos seres vivos microscópicos que constituem o organismo. Não só no homem, mas em todo ser vivo. É todo o corpo que quer, sente e pensa: "minhas células querem, meus tecidos querem, meus órgãos querem (...). Eles querem, sentem e pensam! E no querer já estão embutidos o sentir e o pensar!". Para Nietzsche, o "querer" é um "afeto primário", algo que ocorre no nível do organismo, uma "Vontade de poder": cada célula, tecido, órgão quer expandir-se tanto quanto possa. Todo micro ser vivo que constitui nosso organismo quer mais poder, mais potência. Então

---

[8] Nietzsche. *Assim falou Zaratustra*, p. 27.

começa uma briga entre todos aqueles seres microscópicos que compõem nosso organismo por mais poder. Mas essa luta é vista como positiva, pois a vontade de poder só se exerce na medida em que encontra resistência. O obstáculo torna-se o estímulo.[9]

A teoria das forças

Na tentativa de resolver como aconteceria a passagem da matéria inerte à vida, Nietzsche desenvolve sua teoria das forças. O mundo (orgânico e inorgânico) é constituído por forças plurais que estão permanentemente em luta, em combate. A elas não lhes é permitido não exercer, nelas não há intencionalidade: "A força simplesmente se torna efetiva, é um efetivar-se. Agindo sobre outras e resistindo a outras mais, ela tende a ser exercida o quanto pode, quer se estender até o limite, manifestando um querer-vir-a-ser-mais-forte, irradiando uma Vontade de poder".[10]

A morte de Deus

Não basta abandonar os valores cristãos e adotar os valores da ciência, porque a ciência – como a religião e como a metafísica – é permeada por uma vontade de verdade. E a própria verdade também se enraíza no mundo transcendente. É necessário suprimir esse mundo transcendente. Isso é o que Nietzsche concebe como a "Morte de Deus".

---

[9] Marton. Nietzsche: a transvaloração dos valores.

[10] Ibidem, p. 62.

"Deus está morto" significa para o filósofo nada menos que a supressão do solo em que os valores, até então, haviam sido engendrados.[11]

A travessia / superação do niilismo

O niilismo em Nietzsche não é uma escolha, mas um processo. É uma situação em que nos encontramos não porque escolhemos individualmente, mas porque fazemos parte de um processo que atravessa a história. Ele precisa, portanto, ser atravessado, superado no *amor fati*.

O Além-Homem ou o Super-homem (*Übermensch*)

Como argumenta a professora Scarlett Marton, este não é um tipo biológico superior ou uma nova espécie produzida pela seleção natural. Trata-se, de fato, daquele que organiza o caos de suas paixões e integra em uma totalidade cada traço de seu caráter, daquele que percebe que seu próprio ser está envolvido no cosmos. Ele intervém a qualquer momento no processo circular, que é o mundo, e assim recria o passado e transforma o futuro, dando origem a novos valores. Assim, o Super-homem consegue reavaliar e "transvalorar" os valores, desprezando os que o diminui e criando outros mais comprometidos com a vida – a vida como "Vontade de poder".

O **Eterno Retorno**

Marton elabora da seguinte maneira a noção do "Eterno Retorno" de Nietzsche:

---

[11] Ibidem.

Tudo retorna sem cessar. Se o universo tivesse um objetivo, já o teria alcançado; se tivesse um propósito, já o teria realizado. Não há um Deus, soberano absoluto, com desígnios insondáveis. Todos os dados são conhecidos: finitos são os elementos que constituem o universo, finito é o número de combinações entre eles; só o tempo é eterno. Tudo já existiu e existirá novamente. Cada instante retorna um número infinito de vezes, cada instante traz a marca da eternidade. O universo é animado por um movimento circular que não tem fim.[12]

Amor fati

Em "Ecce Homo", Nietzsche conclui: "Minha fórmula para a grandeza do homem é *amor fati* (...) não querer nada de outro modo, nem para frente nem para trás, nem em toda a eternidade. Não apenas suportar o que é necessário, e muito menos dissimulá-lo (...), mas amá-lo".[13]

E Marton acrescenta:

É inevitável que a existência tal como é, sem destino nem finalidade, se repita: é essencial que o homem, não possuindo outra vida além desta, a afirme. Não temos escapatória: estamos condenados a viver inúmeras vezes e, todas elas, sem razão ou objetivo; tudo o que nos resta é aprender a amar nosso destino.[14]

---

[12] Ibidem, p. 31.

[13] Nietzsche. *Ecce homo*, p. 10.

[14] Marton. Nietzsche: a transvaloração dos valores, p. 67.

3 Freud: Articulação dos discursos metapsicológico e metacultural

Por meio do estudo do desenvolvimento da constituição subjetiva do ser humano, Freud avançou no conhecimento do que ele mesmo chamou de nosso aparelho psíquico – do qual a vida psíquica é função, e ao qual ele atribui extensão espacial e constituição por várias partes, ou instâncias. Atribuiu três qualidades aos processos psíquicos: consciente, pré-consciente e inconsciente. Essas qualidades não são absolutas nem permanentes. O que é pré-consciente torna-se consciente, sem qualquer assistência nossa; o que é inconsciente pode, através de nossos esforços, tornar-se consciente e, nesse processo, muitas vezes temos a impressão de que estamos superando resistências muito fortes.

Em "O Ego e o Id"[1], apresenta o sujeito como um Isso[2] psíquico desconhecido e inconsciente, sobre cuja superfície repousa o Eu (ou o Ego), desenvolvido a partir do sistema perceptivo. Este não está claramente separado do primeiro, funde-se com ele. É a parte do Isso que foi modificada pela influência direta do mundo externo.

---

[1] Freud (1923). O ego e o id.

[2] O termo Isso (traduzido para o inglês como Id) tem sua origem no termo alemão "das Es", que, segundo o próprio Freud, remonta a Nietzsche.

Acrescenta que o Isso é a mais antiga das localidades ou áreas de ação psíquica. Essa instância contém tudo o que é herdado, que está presente no nascimento, que é constitutivamente estabelecido – especialmente as pulsões, que se originam da organização corporal e encontram no Isso uma primeira expressão psíquica. Ele não tem comunicação direta com o mundo externo, apenas o acessa pela mediação de outra instância. Dentro dele operam as pulsões orgânicas, conceito limite entre o psíquico e o somático, que são, em si mesmas, compostos por fusões de duas forças primeiras (Eros e Thanatos, pulsão de vida e pulsão de morte), em proporções que variam e diferem umas das outras por sua relação com órgãos ou sistemas de órgãos. O único anseio dessas pulsões é a satisfação, que se espera surgir de certas modificações nos órgãos, com a ajuda de objetos do mundo externo.

O Eu, por sua vez, procura aplicar a influência do mundo externo ao Isso, e se esforça para substituir o princípio do prazer que reina estritamente no Isso pelo princípio de realidade. Apresenta o que pode ser chamado de razão e senso comum, em contraste com o "Isso", que contém as paixões.[3]

Freud sustenta que, em consequência da conexão preestabelecida entre percepção sensorial e ação muscular, o Eu tem sob seu comando os movimentos voluntários. Ele tem a tarefa de autopreservação. Em relação ao exterior, realiza essa tarefa percebendo os estímulos, armazenando experiências sobre eles – na memória –, evitando estímulos excessivamente intensos – por meio da fuga –, lidando com estímulos moderados – por meio da adaptação – e, por fim, aprendendo

---

[3] Freud (1920). Além do princípio de prazer.

a produzir modificações convenientes no mundo externo, para seu próprio benefício – através da atividade.[4]

Com relação aos eventos internos relacionados ao Isso, entende que o Eu realiza sua tarefa ao assumir o domínio sobre as exigências das pulsões, decidindo se elas devem ou não ser satisfeitas, postergando essa satisfação para ocasiões e circunstâncias favoráveis no mundo externo ou reprimindo completamente suas excitações. Em sua atividade, orienta-se pela consideração das tensões produzidas pelos estímulos. A elevação dessas tensões é, em geral, sentida como desprazer, e sua redução como prazer. O Eu anseia por prazer e quer evitar desprazer.

Entretanto, Freud aponta que essa noção de um Eu mediando entre o Isso e o mundo exterior (*die Aussenwelt*), aplica-se apenas até o final do primeiro período da infância – por volta dos cinco anos de idade. Por volta dessa época, uma importante alteração é concluída. Uma parte do mundo externo é, pelo menos parcialmente, abandonada como objeto e é, por identificação, acolhida no Eu, tornando-se assim parte integrante do mundo interno (*die Innenwelt*).

Isso porque, segundo Freud, quando um objeto sexual deve ser abandonado, muitas vezes ocorre uma alteração do Eu que só pode ser descrita como instalação do objeto dentro do Eu. É o que acontece, por exemplo, na melancolia[5]. Pode ser que essa identificação seja a única condição em que o Isso possa abandonar seus objetos. Esse processo, especialmente nas fases primitivas do desenvolvimento, é muito frequente, e torna-se possível supor que o caráter do Eu é um precipitado de catexias objetais abandonadas e que contém a história dessas escolhas objetais. Essa transformação de uma escolha erótica de

---

[4] Freud (1940 [1938]). Esboço de psicanálise.

[5] Freud (1917 [1915]). Luto e melancolia.

objeto em uma alteração do Eu constitui também um método pelo qual o Eu pode obter controle sobre o Isso e aprofundar suas relações com ele – ao custo, é verdade, de se sujeitar amplamente às suas exigências[6].

Diante disso, postula que, na história do desenvolvimento do indivíduo, o longo período de dependência dos pais na infância deixa para trás, como um precipitado, a formação de um agente especial no qual se prolonga a influência parental no Eu. A esse agente chamou de Supereu. Em outras palavras, atribui a formação desse precipitado no Eu ao resultado da fase sexual dominada pelo Complexo de Édipo, especialmente influenciada por dois fatores: o caráter triangular da situação edipiana e a bissexualidade constitucional de cada indivíduo[7].

E descreve o Complexo de Édipo, em sua forma simplificada, no caso de uma criança do sexo masculino, da seguinte forma:

> Em idade muito precoce, o menino desenvolve uma catexia objetal pela mãe, originalmente relacionada ao seio materno, e que é o protótipo de uma escolha objetal segundo o modelo anaclítico; o menino trata o pai identificando-se com ele. Por um certo tempo, essas duas relações progridem lado a lado, até que os desejos sexuais do menino em relação à mãe se tornam mais intensos e o pai é percebido como um obstáculo entre eles; daí se origina o complexo de Édipo. Sua identificação com o pai assume então uma coloração hostil e se transforma em um desejo de se livrar dele, para ocupar seu lugar junto à mãe. A partir de então, sua relação com o pai é ambivalente (...). Uma atitude ambivalente em relação ao pai

---

[6] Freud (1923). O ego e o id.

[7] Ibidem.

e uma relação objetal de tipo unicamente afetuoso com a mãe constituem o conteúdo do complexo de Édipo positivo simples num menino.[8]

Mais adiante, na mesma obra, acrescenta que:

Um estudo mais aprofundado geralmente revela o complexo de Édipo mais completo, que é duplo, positivo e negativo, e devido à bissexualidade originalmente presente na criança. Isso equivale a dizer que um menino não tem simplesmente uma atitude ambivalente em relação ao pai e uma escolha objetal afetuosa pela mãe, mas ao mesmo tempo ele também se comporta como uma menina e exibe uma atitude afetuosa feminina em relação ao pai, e uma hostilidade correspondente para com a mãe.[9]

Ao final dessa fase, conclui Freud, na medida em que esse Supereu se diferencia do Eu ou se opõe a ele, passa a constituir uma terceira força que o Eu deve levar em conta. Uma ação por parte do Eu deve, doravante, satisfazer simultaneamente as exigências do Isso, as do Supereu e as da realidade – isto é, ser capaz de conciliar suas exigências umas com as outras.

Essa nova instância psíquica continua exercendo as funções que até então eram desempenhadas pelos objetos abandonados do mundo externo – os pais e seus substitutos. Ela observa o Eu, dá-lhe ordens, julga-o e ameaça-o com punições, tal como os pais, que um dia ocuparam esse lugar. Tomamos consciência dessa instância, em suas funções julgadoras, como nossa consciência moral, manifestando-se essencialmente como sentimento de culpa – ou melhor, como crítica –,

---

[8] Ibidem, p. 44.

[9] Ibidem, p. 44.

pois o sentimento de culpa seria, de fato, a percepção no Eu que responde a essa crítica[10].

Embora esse novo agente psíquico seja acessível a todas as influências subsequentes, ele preserva durante toda a vida o caráter que lhe foi dado por sua derivação do complexo paterno – a capacidade de se diferenciar do Eu e dominá-lo. Ele constitui uma memória da antiga fraqueza e dependência do Eu, permanecendo o Eu maduro sujeito à sua dominação. Assim como a criança esteve um dia sob a compulsão de obedecer aos pais, assim também o Eu se submete ao imperativo categórico de seu Supereu.[11].

Dessa forma, postula Freud, o Supereu torna-se, na verdade, o herdeiro do Complexo de Édipo e só se estabelece depois que a pessoa se liberta desse complexo. Por isso, sua excessiva severidade não segue um modelo real, mas corresponde à força da defesa utilizada contra a tentação do Complexo de Édipo.

E por que ele desenvolveu uma rigidez e severidade tão extraordinárias com o Eu – muito superior ao modelo que foi fornecido pelos pais reais? Freud levanta, a propósito, a hipótese de que o que está influenciando agora é uma pura cultura da pulsão de morte, que nele se entrincheirou e se voltou contra o Eu.[12]

Mas, como essa instância se tornou esse lugar de encontro para as pulsões de morte? Em "O Eu e o Id", Freud introduz uma nova hipótese. Considerando que o Supereu surge de uma identificação com o pai, se verifica uma dessexualização (ou uma sublimação), acompanhada, ao mesmo tempo, de uma desfusão pulsional – pois constitui o pressuposto

---

[10] Ibidem,

[11] Ibidem.

[12] Ibidem.

indispensável à teoria freudiana das pulsões que os dois tipos de pulsão – de vida e de morte –, regular e extensivamente, fundem-se, misturam-se e ligam-se uma à outra. Após a sublimação, o componente erótico não teria mais o poder de unir a totalidade da agressividade que estava combinada com ele, e esta é liberada sob a forma de uma inclinação à agressão e à destruição, doravante instaladas no Supereu. Essa desfusão seria, portanto, a fonte do caráter geral de severidade e crueldade do Supereu. A sublimação, segundo Freud[13] é um processo relacionado à libido objetal e consiste no fato de que a pulsão se dirige a uma finalidade diferente, distante da finalidade da satisfação sexual. Nesse processo, a tônica recai na deflexão da sexualidade.

Resta-nos entender de onde vem ou o que justifica essa força tão "crucial" e "revolucionária" de fatores como o complexo de Édipo e a ambivalência em relação aos pais na formação de nossas estruturas psíquicas, especialmente no desenvolvimento da instância do Supereu – que, como apresentado em "O mal-estar na civilização", torna-se um dos principais métodos que a cultura encontra para inibir a agressividade de seus próprios membros contra ela.

Freud argumenta que a derivação do Supereu a partir das primeiras catexias objetais do Isso, a partir do complexo de Édipo, o coloca em relação às aquisições filogenéticas do Isso e o torna uma reencarnação de antigas estruturas do Eu que deixaram seus precipitados atrás de si no Isso[14]. Defende, até sua última obra[15], que, sem dúvida: (1) alguma parte das aquisições culturais deixou um precipitado atrás de si no Isso; (2) muito do que é contribuído pelo Supereu ressoará no Isso; e (3) não poucas das novas experiências da criança serão intensificadas por

---

[13] Freud (1914). Sobre o narcisismo: uma introdução.

[14] Freud (1923). O ego e o id.

[15] Freud (1940 [1938]). Esboço de psicanálise.

serem repetições de alguma primeira experiência filogenética. Sobre este último ponto cabe uma observação: Freud acreditava que o fator filogeneticamente adquirido na vida mental tinha um espaço relevante dentro da psicanálise. Ainda assim, enfatiza que, somente depois de percorrer as camadas do que foi adquirido pelo indivíduo, pode-se finalmente chegar aos vestígios do que foi herdado.

Em "O Eu e o Id", por exemplo, argumenta que, no primeiro período da infância, as crianças são protegidas dos perigos do mundo externo pela diligência dos pais; elas pagam por essa segurança com o medo de perder o amor que as deixaria desamparadas contra os perigos deste mundo. Esse fator exerce uma influência decisiva no desfecho do conflito quando uma criança se encontra na situação do Complexo de Édipo, na qual a ameaça ao seu narcisismo representada pelo perigo da castração, reforçada a partir de fontes primitivas, toma conta dela. Impulsionada pela combinação dessas duas influências, o perigo real e presente e o perigo lembrado com sua base filogenética, a criança embarca em suas tentativas de defesa – o recalque.

Os esquemas herdados filogeneticamente ajudam a 'situar' as impressões originadas da experiência real, diz Freud. Entendemos, assim, o Complexo de Édipo como um desses esquemas, agindo como referência para a relação da criança com os pais.

Freud admite ainda a existência independente desses esquemas. No caso do "Homem dos Lobos"[16], por exemplo, ele relata que muitas vezes viu o esquema triunfar sobre a experiência do indivíduo; como quando, neste caso, o pai do menino tornou-se o castrador e a ameaça à sua atividade sexual infantil, apesar daquilo que era, sob outros aspectos, um complexo de Édipo invertido. Ou quando uma babá fazia

[16] Freud (1918 [1914]). História de Uma Neurose Infantil.

o papel de mãe, ou quando as duas se fundiram. Para ele, esse caso demonstra, em diversas ocasiões, que as condições entre a experiência e o esquema parecem suprir os conflitos da infância com material abundante. Ainda neste caso, identifica, no comportamento daquela criança em relação à cena primária, a existência de algum tipo de conhecimento prévio – ancestral – atuando na criança, naquele momento.

Em suas "Conferências Introdutórias à Psicanálise – Conferência XXIII", sugere que essas cenas de observação das relações sexuais entre os pais, de ser seduzido na infância e de ser ameaçado com a castração podem ser inquestionavelmente uma herança filogenética, mas também podem ser facilmente adquiridas pela experiência individual de cada um. Argumenta que tudo o que encontramos na pré-história das neuroses é que a criança se serve dessa experiência quando sua própria experiência lhe falha. Ela preenche as lacunas da verdade pessoal com a pré-história; substitui ocorrências de sua própria vida por ocorrências ancestrais. Mas, adverte, considera um grave erro metodológico reivindicar uma explicação filogenética antes de esgotar as possibilidades ontogênicas.

Tendo presente a importância desse componente filogenético, numa sequência de trabalhos importantes – "Tótem e Tabu" (1913 [1912-1913]); "Psicologia das Massas e Análise do Eu" (1921); "O Futuro de uma Ilusão" (1927); "O Mal-estar na Civilização" (1930 [1929]); e "Moisés e a Religião monoteísta" (1939 [1934-38]) –, em sua fase mais madura, Freud se dedica à questão da origem desses esquemas ou complexos e de como eles se perpetuam, refletindo no processo civilizatório de nossa espécie. Em particular, procura esclarecer qual é a origem do horror ao incesto e da ambivalência em relação à figura paterna, tanto no desenvolvimento individual quanto no comunitário.

A psicanálise parte do princípio de que a relação da criança com seus pais é dominada por desejos incestuosos, tornando-se o complexo nuclear das neuroses. Argumenta que a primeira escolha de objetos de amor de uma criança é incestuosa e que estes são objetos proibidos: mãe e irmã.[17]

Partindo da conclusão de que o totemismo constitui uma fase regular em todas as culturas, em "Totem e Tabu" (1913 [1912-13]), defende que as proibições morais e as convenções que nos regem podem ter uma relação fundamental com os tabus primitivos, e que uma explicação desses tabus pode lançar luz sobre a origem obscura de nosso próprio 'imperativo categórico'. Ele considera, ademais, que as verdadeiras fontes do tabu são de natureza profunda e têm sua origem nas pulsões humanas mais primitivas e duradouras.

Assim descreve o totemismo:

> [...] originalmente, todos os totens eram animais e eram considerados ancestrais dos diferentes clãs. Os totens foram herdados apenas através da linha feminina. Havia uma proibição de matar o totem (ou – o que em condições primitivas, constitui a mesma coisa – comê-lo). Os membros de um clã totêmico eram proibidos de ter relações sexuais uns com os outros.[18]

E conclui:

> [...] o sistema totêmico foi, por assim dizer, um pacto com o pai, no qual ele lhes prometia tudo o que uma imaginação infantil pode esperar de um pai – proteção, cuidado e indulgência – enquanto, por sua vez, se

---

[17] Freud (1913 [1912-13]). Totem e tabu.

[18] Ibidem, p. 115.

comprometeram a respeitar sua vida, isto é, não repetir o ato que causou a destruição do pai real [...].[19]

E o significado de 'tabu' apresenta intrinsecamente dois sentidos opostos:

> [...] por um lado, 'sagrado', 'consagrado', e, por outro, 'misterioso', 'perigoso', 'proibido', 'impuro'. Portanto, 'tabu' traz consigo um sentido de algo inabordável expresso principalmente em proibições e restrições. Um certo 'medo sagrado' pode muitas vezes coincidir em significado com 'tabu'.[20].

Freud esclarece ainda aspectos da natureza do tabu comparando-o com as proibições obsessivas dos neuróticos, assim resumidos:

> O tabu é uma proibição primitiva forçosamente imposta (por alguma autoridade) desde fora, e dirigida contra os anseios mais poderosos aos que estão sujeitos os seres humanos. O desejo de transgredi-lo persiste no inconsciente; aqueles que obedecem o tabu têm uma atitude ambivalente sobre o que o tabu proíbe. O poder mágico atribuído ao tabu baseia-se na capacidade de provocar a tentação e atua como um contágio, porque os exemplos são contagiosos e porque o desejo proibido no inconsciente se desloca de uma coisa para outra. O fato de a violação de um tabu poder ser expiada por uma renúncia mostra que essa renúncia está na base da obediência ao tabu.[21]

---

[19] Ibidem, p.148.

[20] Ibidem, p. 37.

[21] Ibidem, p. 51.

Acrescenta que, além disso, os tabus mais antigos e importantes são as duas leis básicas do totemismo: não matar o animal totêmico e evitar relações sexuais com membros do clã totêmico do sexo oposto. Estes devem ser, então, os mais antigos e poderosos dentre os desejos humanos; afinal, a base do tabu é uma ação proibida, para cuja realização há uma forte inclinação inconsciente.

Não é por acaso, portanto, que a psicanálise considera o incesto e a ambivalência em relação ao pai como pontos centrais dos desejos infantis e o núcleo das neuroses. Na mesma obra, recorrendo a Frazer (1910), Freud argumenta que, no lugar de presumir da proibição legal do incesto (acrescento, do parricídio, e do "não matarás" em geral), há um horror natural em relação a ele, deve-se, justificadamente, supor o contrário: que há um "instinto natural" a seu favor. Se a lei reprime este e outros "instintos naturais", o faz porque os homens civilizados chegariam à conclusão de que sua satisfação é prejudicial aos interesses gerais da sociedade.

O que Freud traz à tona em "Totem e Tabu" é que um evento como a eliminação do pai primordial pelo grupo de filhos deve inevitavelmente ter deixado marcas indeléveis na história da humanidade. E, quanto menos tenha sido lembrado, mais numerosos devem ter sido os substitutos a que deu origem. Substitutos – como religião e moral – fundamentais para a cultura e a manutenção da vida comunitária e, possivelmente, para a própria perpetuação de nossa espécie.

Voltando à horda primitiva de Darwin (um pai violento e ciumento que guarda todas as mulheres para si e expulsa os filhos quando crescem), aborda assim o mito "científico" da horda primitiva:

> Certo dia, os irmãos que tinham sido expulsos retornaram juntos, mataram e devoraram o pai, colocando assim um fim à horda patriarcal. Unidos, tiveram a coragem de fazê-lo e foram bem sucedidos no que lhes teria sido impossível fazer individualmente. (Algum avanço cultural, talvez o domínio de uma nova arma, proporcionou-lhes um senso de força superior.) Selvagens canibais como eram, não é preciso dizer que não apenas matavam, mas também devoravam a vítima. O violento pai primevo fora sem dúvida o temido e invejado modelo de cada um do grupo de irmãos: e, pelo ato de devorá-lo, realizavam a identificação com ele, cada um deles adquirindo uma parte de sua força.[22]

Observe que Freud dá ênfase aos sentimentos contraditórios em ação nos complexos-pai ambivalentes:

> [...] Odiavam o pai, que representava um obstáculo tão formidável ao seu anseio de poder e aos desejos sexuais; mas amavam-no e admiravam-no também. Após terem-se livrado dele, satisfeito o ódio e posto em prática os desejos de identificarem-se com ele, a afeição que todo esse tempo tinha sido recalcada estava fadada a fazer-se sentir e assim o fez sob a forma de remorso. Um sentimento de culpa surgiu, o qual, nesse caso, coincidia com o remorso sentido por todo o grupo.[23]

Enfatiza que o pai morto se tornou mais forte do que era quando vivia. O que até então era interditado pela sua existência real passou a ser proibido pelos próprios filhos. Anularam o próprio ato proibindo a morte do totem, substituto do pai; e renunciaram a seus frutos, renunciando à reivindicação pelas mulheres que agora haviam sido

---

[22] Ibidem, p. 145.

[23] Ibidem, p. 146.

libertadas. Criaram assim, a partir do sentimento de culpa filial, os dois tabus fundamentais do totemismo, que, por essa razão, corresponderam inevitavelmente aos dois desejos recalcados do Complexo de Édipo. Quem ousasse infringir esses tabus tornava-se culpado dos dois únicos crimes com os quais a sociedade primitiva se importava.

Em "O Mal-estar na Civilização" (1930 [1929]), mostra que a cultura obedece a um impulso erótico interno que leva os seres humanos a se unirem em um grupo estreitamente ligado, que só pode atingir seu objetivo através do fortalecimento crescente de um "sentimento de culpa" que, por sua vez, remonta à morte do pai primordial.

Por cultura (ou civilização humana), entende:

> [...] tudo aquilo em que a vida humana se elevou acima de sua condição animal e difere da vida dos animais - e desprezo ter que distinguir entre cultura e civilização -, apresenta, como sabemos, dois aspectos ao observador. Por um lado, inclui todo o conhecimento e capacidade que o homem adquiriu com o fim de controlar as forças da natureza e extrair a riqueza desta para a satisfação das necessidades humanas; por outro, inclui todos os regulamentos necessários para ajustar as relações dos homens uns com os outros e, especialmente, a distribuição da riqueza disponível.[24]

Esse "sentimento de culpa", que começou em relação ao pai, se completou e continuou em relação ao grupo, constituiu o resultado da ambivalência primordial de sentimentos com o pai:

---

[24] Freud. (1927), O futuro de uma ilusão, p. 15.

> [...] Seus filhos o odiavam, mas também o amavam. Depois que o ódio foi satisfeito pelo ato de agressão, o amor veio para o primeiro plano, no remorso dos filhos pelo ato. Criou o superego pela identificação com o pai; deu a esse agente o poder paterno, como uma punição pelo ato de agressão que haviam cometido contra aquele, e criou as restrições destinadas a impedir uma repetição do ato.[25]

A ocorrência ou não da morte do pai na realidade concreta não é relevante. Em vários momentos de sua obra, Freud nos mostra que no mundo psíquico, certamente, ela foi real, a ponto de evidenciar todos os efeitos aqui apresentados. Na realidade psíquica, o sentimento de culpa é expressão tanto do conflito pela ambivalência quanto da eterna luta entre pulsão de vida e pulsão de morte. O conflito aparece assim que os homens decidem viver juntos. Na família, se expressa no complexo edipiano, estabelece consciência e cria o primeiro sentimento de culpa. Quando a vida comunitária se estende, o conflito continua, agora sob as formas que dependem do passado ancestral; é fortalecido e resulta em uma maior intensificação do sentimento de culpa.[26]

No caminho necessário do desenvolvimento da família à sociedade humana, por meio da cultura, o aumento do sentimento de culpa é parte constitutiva e fundamental e, não raramente, atinge níveis difíceis de serem tolerados pelos indivíduos, sendo fonte de infelicidade comum às neuroses graves, diz Freud. Reconhece o sentimento de culpa – que, em suas fases posteriores, coincide totalmente com o medo do Supereu –como o problema mais importante no desenvolvimento da cultura e demonstra que o preço que pagamos por seu avanço é uma perda de felicidade pela introjeção do sentimento de culpa, que aparece na forma

---

[25] Freud (1930 [1929]). O mal-estar na civilização, p. 135.

[26] Ibidem.

de um mal-estar inconsciente, uma insatisfação, para a qual as pessoas buscam outras motivações. A cultura se constrói então sobre uma renúncia às pulsões – é pressuposta sua não satisfação, pelo menos parcialmente. Essa 'frustração cultural' domina o grande campo das relações sociais entre os seres humanos. Por esse exato motivo, é a causa da hostilidade contra a qual todas as culturas devem lutar.[27]

Mas, como argumenta Freud, em "O Mal-estar na Civilização", o que decide o propósito da vida – obter felicidade e permanecer assim, como os homens demonstram por seu comportamento – é simplesmente o programa do princípio do prazer, embora isso seja um desencontro com o mundo inteiro. Por um lado, ele pretende uma ausência de sofrimento e de desprazer; por outro, a vivência de intensos sentimentos de prazer. Enquanto isso, no desenvolvimento de nossa estrutura psíquica, o princípio do prazer, sob a influência do mundo externo, transformou-se no mais ponderado princípio de realidade. O mesmo acontece com as possibilidades de felicidade para o homem, que muitas vezes se transformam em simplesmente fugir da infelicidade ou sobreviver ao sofrimento. Assim, em geral, a tarefa de evitar o sofrimento põe em segundo plano a de obter prazer.

Ali, Freud identifica a ameaça de sofrimento do homem como proveniente de três fontes principais: de seu próprio corpo, condenado à decadência e à dissolução; do mundo externo, que ameaça se voltar contra ele com forças de destruição avassaladoras e impiedosas; e, também, de suas relações com os demais de sua espécie. Essa última fonte se apresenta perante ele como a mais dolorosa, pois o confronta com uma espécie de aumento gratuito, embora seja tão inevitável quanto o sofrimento proveniente de outras fontes.

---

[27] Ibidem.

Diante disso, por que a vida em comunidade pareceu tão imperativa para nossa espécie? Em "Totem e Tabu", Freud demonstra o caminho que vai da família primitiva à vida comunal, na forma de grupos de irmãos. Mostra, a ssim, que, superando o pai, os filhos descobrem que uma combinação pode ser mais forte do que um indivíduo isolado. Consequentemente, a vida comunitária tem um duplo fundamento ancestral: a compulsão para o trabalho, criada pela necessidade externa, e o poder do amor, que fez o homem resistir a privar-se de seu objeto sexual – a mulher – e a mulher, a se privar daquela parte de si mesma que foi separada dela – seu filho. Amor e necessidade – Eros e Ananké – se tornaram também os pais da cultura humana.

Portanto, conclui: "[...] podemos apreender duas coisas de uma maneira perfeitamente clara: o papel desempenhado pelo amor na origem da consciência e a fatal inevitabilidade do sentimento de culpa".[28]

Mostra-nos que, desde os tempos primordiais da vida comunal, o homem vem se defendendo contra os poderes superiores da natureza e do destino que o ameaçam por meio da cultura: tornou-se membro da comunidade humana e, com a ajuda de uma técnica guiada pela ciência, passou para o ataque da natureza, tentando submetê-la à sua vontade. Trabalha-se então com todos para o bem de todos. De várias maneiras e na medida do possível, a cultura vem cumprindo esse papel. E, com o passar do tempo, poderá exercê-lo ainda melhor.

Entretanto, não existe a ilusão de que a natureza já foi derrotada ou mesmo que um dia ela venha a se submeter completamente ao homem. Nem que, tão cedo, o homem deixará de pagar um alto preço por essa "escolha", da infelicidade ordinária às psiconeuroses graves – afinal,

---

[28] Ibidem, p. 135.

muitas das conquistas de nossa civilização foram adquiridas à custa dos desejos sexuais e da renúncia às pulsões do Isso.[29]

A cultura faz um esforço colossal para estabelecer limites às pulsões agressivas do homem e manter suas manifestações sob controle por formações psíquicas reativas. Para tanto, utiliza métodos que visam incitar nas pessoas identificações e relacionamentos amorosos inibidos em seu propósito; a partir daí, entende-se a restrição à vida sexual e, também, o mandamento ideal de amar o próximo como a si mesmo, justificado pelo fato de que nada mais vai tão fortemente contra a natureza original do homem. Apesar de todos os esforços, esses empenhos da cultura até hoje não conseguiram muito.[30]

O fato é que, apesar de tudo, o desamparo do homem permanece. Junto com ele, seu anseio pelo pai e pelos deuses, que mantêm sua tríplice missão: defender o homem da natureza ameaçadora; reconciliá-lo com a crueldade do destino, particularmente da morte; e compensá-lo pelos sofrimentos e privações que uma vida civilizada em comum lhe impôs.[31]

Por fim, diante de tudo isso, como situar a religião e a consciência moral nesse desenvolvimento teórico-empírico de Freud?

Nele, a origem da atitude religiosa pode ser claramente referida ao sentimento de desamparo infantil, filogeneticamente reforçado. Para Freud, a derivação das necessidades religiosas a partir do abandono do bebê e a consequente saudade do pai é incontestável, desde que o sentimento não seja simplesmente prolongado desde os dias de

---

[29] Freud (1927). O futuro de uma ilusão.

[30] Freud (1930 [1929]). O mal-estar na civilização.

[31] Freud (1927). O futuro de uma ilusão.

infância, mas sustentado permanentemente pelo medo do poder superior do Destino.[32]

Freud defende que a atitude religiosa é apenas uma continuação de um protótipo infantil de desamparo em relação aos nossos pais: a criança tinha motivos para temê-los, principalmente o pai; no entanto, ela estava confiante de sua proteção contra os perigos do mundo exterior. Assim, foi natural comparar as duas situações. Argumenta que o homem transforma as forças da natureza não simplesmente em pessoas com as quais ele pode se associar como seus iguais, mas dá a elas o caráter de um pai, transformando-as em deuses. Segue nisso não apenas um protótipo infantil, mas também filogenético.[33]

Porém, a felicidade, no sentido reduzido aqui colocado, constitui um problema da economia da libido de cada indivíduo. Segundo Freud, todo homem deve descobrir por si mesmo o modo específico pelo qual encontrará seu caminho para a felicidade. Uma enorme gama de diferentes fatores irá influenciar essa escolha. É uma questão de quanta satisfação real ele pode esperar obter do mundo externo, até que ponto ele é levado para se tornar independente dele e, ainda, quanta força ele sente à sua disposição para alterar o mundo e adaptá-lo aos seus desejos. Nisso, sua constituição psíquica terá um papel decisivo independentemente das circunstâncias externas.[34]

Alerta que a religião restringe esse jogo de escolhas e adaptação, pois impõe igualmente a cada um seu próprio caminho para a aquisição da felicidade e da proteção contra o sofrimento. Faz isso desconsiderando o valor da vida e distorcendo delirantemente o quadro do mundo real. Ao fixá-las à força num estado de infantilismo

---

[32] Freud (1930 [1929]). O mal-estar na civilização.

[33] Freud (1927). O futuro de uma ilusão.

[34] Freud (1930 [1929]). O mal-estar na civilização.

psicológico e arrastá-las para um delírio em massa, a religião consegue poupar muitas pessoas de uma neurose individual, e talvez um pouco mais do que isso.

A consciência moral, por sua vez, possui uma clara derivação da história do desenvolvimento psíquico do indivíduo, especialmente da instância do Supereu, estudada neste trabalho. Os tormentos causados pelas censuras da consciência moral correspondem precisamente ao medo da perda do amor por parte de um filho, medo cujo lugar foi ocupado pela instância moral.[35] Assim, Freud sustenta que o sentido moral não se instala nos homens pela educação ou por eles o terem adquirido na vida social, mas por instâncias muito mais profundas do ser.

---

[35] Freud (1940 [1938]). Esboço de psicanálise.

4 Aparelho psíquico, sujeito e inconsciente

Antes de analisar, nos capítulos que seguem, os temas da pulsão e da cultura, fundamentais nas obras de Nietzsche e Freud, este capítulo explora outras três construções presentes em seus trabalhos que merecem um olhar mais atento, não apenas por sua importância no desenvolvimento teórico de ambos, mas também porque apresentam claras e relevantes diferenças e complementaridades.

O primeiro terreno fértil a explorar é a elaboração que ambos fazem das instâncias psíquicas do sujeito, ou melhor, de seus modelos do aparelho psíquico humano. Como argumenta Paul-Laurent Assoun[1], o "Isso" freudiano (*Das Es*) na verdade se comporta de maneira notavelmente análoga ao "Si-mesmo" nietzschiano (*Selbst*). O Isso-Eu freudiano forma um par homólogo ao Si-mesmo-Eu de Nietzsche.

Nietzsche, em "Assim falou Zaratustra", escrito entre 1883 e 1885, afirma categoricamente:

> [...] (O Si-mesmo) reina e é soberano do Eu. Por trás de seus pensamentos e sentimentos, meu irmão, existe um mestre mais poderoso, um guia desconhecido. Chama-se o Si-mesmo. Ele habita o seu corpo, é o seu

---

[1] Assoun (1991). Freud y Nietzsche: semelhanças e dessemelhanças.

> corpo. [...] O Si-mesmo ri do seu Eu e dos seus arrogantes pulos. "O que significam para mim esses pulos e vôos de pensamento?" diz ele. 'Um rodeio para o meu fim. Eu sou o guia do Eu e o inspirador de suas ideias'.
> O Si-mesmo diz ao Eu: "Experimente a dor!" E o Eu sofre e medita como parar de sofrer; e para isso deve pensar.
> O Si-mesmo diz ao Eu: "Experimente as alegrias!" Logo, o Eu se alegra e pensa em como continuar a se alegrar com frequência; e para isso deve pensar.[2]

No entanto, de acordo com Assoun, se o Isso freudiano parece se comportar de forma semelhante ao Si-mesmo nietzschiano, ele se refere a uma realidade completamente diferente. Em Nietzsche, o Eu forma um par exclusivo com o Si-mesmo. No modelo freudiano, opera uma terceira instância psíquica, o Supereu, que impõe seu modo específico de dominação sobre o Eu. Porém, para Nietzsche, como interpretado por Assoun, o Supereu seria apenas uma doença, uma infecção da sabedoria do Corpo. Seria mais um sintoma patológico do que uma instância psíquica.

Em Nietzsche, o Si-mesmo é imperativo. Deve-se querer um Si-mesmo. O Si-mesmo e o corpo se confundem. O Si-mesmo habita o corpo, é o corpo: "Corpo eu sou integralmente, e nada mais; alma é apenas o nome de algo no corpo" (p. 43). E o corpo é a "Grande Razão":

> Há mais razão em teu corpo do que em tua melhor sabedoria" (p. 44). Declara a guerra àqueles que negam o Corpo, privando-se da salvação pela

---

[2] Nietzsche. Assim falou Zaratustra, p. 44.

grande sabedoria do Corpo: "Não sigo o teu caminho, você que despreza o corpo! Vocês, para mim, não são pontes que levam ao Super-homem![3]

Para o filósofo, o Eu só pode se fazer eco da ordem do Si-mesmo interpretando-o ao mínimo, pois expressa a norma vital do instinto. A salvação do Eu é se unir à sabedoria do seu Si-mesmo. Ou seja, a sabedoria do Eu é reconhecer seu verdadeiro mestre: o Corpo/Si-mesmo.

Em Freud, diferentemente de Nietzsche, apesar de reconhecer o imperativo do "Isso", a salvação toma outro caminho: "*Wo Es war, soll Ich werden*", como sustenta Assoun. No entanto, é importante notar que esse "*Wo Es war, soll Ich werden*" não sugere uma transformação, uma transmutação, de uma substância (o Isso) para outra (o Eu), se não que denuncia a condição do significante do sintoma "onde foi falado" (*Wo Es war*), revelando a verdade até então desconhecida para o Eu (*soll Ich werden*)[4] .

Em "Além do Princípio do Prazer", Freud afirma: "descobrimos que uma das funções mais antigas e importantes do aparelho psíquico é subjugar os impulsos instintivos que colidem com ele, substituir o processo primário que neles predomina pelo processo secundário [...]".[5]

Além do confronto das instâncias psíquicas nas obras dos dois pensadores, um segundo aspecto a ser estudado diz respeito às suas concepções do próprio "sujeito".

Freud e Nietzsche são notável e igualmente críticos da ideia de "sujeito", um substrato consciente. No entanto, o destino dessa crítica é

---

[3] Ibidem, p. 43-45.

[4] Ceccarelli (2007). Freud traído.

[5] Freud (1920). Além do princípio de prazer, p. 73.

bem diferente em cada um dos casos. Em Freud, a impossibilidade do sujeito denota uma insuficiência. Nietzsche, por sua vez, baseia sua crítica da "supervalorização do consciente" em uma crítica da ilusão substancialista do "sujeito". Ele afirma que o "sujeito" é a ficção segundo a qual muitos estados semelhantes em nós são o efeito de um mesmo substrato. Acentua o fato de que somos nós que criamos a "identidade" desses estados. Como assinala Assoun, o fenomenismo nietzschiano repousa no poder de criação da Vontade de poder.

Assim, Nietzsche abandonou ou, pelo menos, suspendeu o conceito de sujeito até recuperar sua saúde teórica que o afaste de tudo o que enfraquece o homem em sua autovaloração. Como vimos, usa em diferentes lugares mais um conceito para se referir a esse que designa o corpo, que é a sede das forças constitutivas da alma, da vontade e da vida: o Si-mesmo (*Selbst*).

Em suma, sobre o sujeito, para Nietzsche: uma palavra e uma pluralidade, como sustenta o professor José Jara.[6] Lembra-nos que, segundo Nietzsche, colocamos uma palavra onde começa nossa ignorância, onde não podemos ver mais longe. Adverte, ainda, sobre a condição histórica das palavras, sobre o fato de que elas também – assim como os homens – têm um começo.

Além disso, argumenta que talvez não seja necessária a suposição de um sujeito; talvez seja igualmente admissível supor uma pluralidade de sujeitos, cujo jogo e luta conjuntos se encontram na base de nosso pensar e, em geral, de nossa consciência. Nietzsche diz: "Precisamos de unidades para poder calcular, mas não por isso temos que supor que

---

[6] Jara (2018). Nietzsche un pensador póstumo.

existam tais unidades. Tomamos emprestado o conceito de unidade do nosso conceito de "eu" – nosso mais antigo artigo de fé".[7]

Sua hipótese é, portanto, o sujeito como pluralidade. O efeito é sempre "inconsciente"; a causa descoberta e representada será projetada, é subsequente no tempo. A única força que existe é do mesmo tipo que a da Vontade: um comandar a outros sujeitos, que a partir daí se transformam. Há uma contínua transitoriedade do sujeito.

As forças que compõem o sujeito e a alma ficam especificadas em Nietzsche como uma pluralidade de sentimentos, afetos, instintos e também pensamentos, pois estes são indissociáveis daqueles. Todos os quais têm, por sua vez, um lugar privilegiado em que acontecem, embora não coloquemos "braços e pernas" em movimento: é o corpo. Este viria a ser, por assim dizer, a sede em que se articula essa pluralidade de forças, que mais tarde foram interpretadas de forma simplificada e unitária com os nomes de sujeito, alma e vontade.

Assim, pode-se resumir os pressupostos e hipóteses levantados por Nietzsche sobre o sujeito da seguinte maneira:

> (1) o sujeito seria uma pluralidade composta por forças que são "do mesmo tipo que as da vontade"; (2) em princípio, essas forças seriam iguais, "pares" entre si; (3) elas se articulariam e se transformariam umas nas outras a partir de um "jogo conjunto e luta", assim como desde o "mandar" e "governar"; (4) as relações entre a pluralidade dessas forças constituiriam a base do nosso "pensar" e da nossa "consciência"; (5) nestas duas, quando configuradas a partir dessas forças, manifestar-se-iam formas específicas de "dominação"; (6) não haveria uma predeterminação nos resultados das relações entre as forças: o efeito é "inconsciente" e a causa é retroprojetada no início após os acontecimentos; (7) o sujeito em sua pluralidade ficaria

[7] Nietzsche, apud Jara (2018), p.158.

marcado pela "transitoriedade e fugacidade"; e (8) o sujeito também poderia ser chamado pelo nome de "alma mortal".[8]

E não é em vão que Nietzsche defende que essa pluralidade do sujeito não pode ser desprezada. No prólogo de "Além do Bem e do Mal", sustenta que: "Superar a saúde da alma exige dizer não ao que a enfraqueceu e restabelecer a afirmação de um sim para o que a faça retomar à sua pluralidade inicial, não esquecida e constitutiva dela".[9]

É por isso que, uma vez detectado o lastro que pesa sobre a alma, Nietzsche pode dizer:

> Mas está aberto o caminho que leva a novas formulações e refinamentos da hipótese da alma: e conceitos tais como "alma mortal" e "alma com pluralidade do sujeito" e "alma como estrutura social dos instintos e afetos" desejam ter, de agora em diante, o direito de cidadania na ciência.[10]

Para Nietzsche, não há "nenhum sujeito-átomo". Afirma:

> A esfera do sujeito cresce ou diminui constantemente – o centro do sistema se desloca constantemente -; caso esse sistema não consiga organizar a massa de que se apropriou dividida em 2. Por outro lado, pode, sem anulá-lo, transformar um sujeito mais fraco em seu funcionário e, em certa medida, formar com ele uma nova unidade. Nada de "substância", mas algo que aspira em si mesmo a tornar-se mais forte, e que só indiretamente quer se preservar (quer se superar).[11]

---

[8] Jara (2018). Nietzsche un pensador póstumo, p.159.

[9] Nietzsche apud Jara (2018), p. 160.

[10] Ibidem, p. 160.

[11] Nietzsche apud Molina (2017).

Segundo Molina, essa ideia é admissível na medida em que se abandona o preconceito substancialista que vem com a crença em um sujeito transparente em sua unicidade. Lembra que, em sua crítica ao *ego cogito* de Descartes, Nietzsche substitui "eu penso" por "isso pensa". O significado do "Isso" (*Das Es*) está entrelaçado com o significado do "Eu" e do "Si-mesmo" (*Selbst*). "Em outro tempo o Eu estava escondido no rebanho: e agora o rebanho segue escondido no Eu".[12]

Adverte que, para Nietzsche:

> A singularidade de cada indivíduo inclui a outredade; que não se limita à inter-relação do "tu" e do "eu". Por isso, o estranhamento de si é uma instância inelutável, mas esse outro também se configura com a contribuição de imagens fantasmáticas; modelos – "tipos", diz Nietzsche – que vêm do passado e estão presentes no desenho do futuro. [13]

"Aquele fantasma correndo diante de ti, meu irmão, é mais belo que tu; por que não lhe dás tua carne e teus ossos?", disse Zaratustra.[14] Nietzsche aconselha a dar corpo, a dar vida, a essa imagem fantasmática admirada. Assim, como alerta Molina, a alegoria do fantasma de Nietzsche contém a profundidade do que pode produzir a potência imaginativa no que diz respeito às possibilidades de transformação humana.

---

[12] Nietzsche apud Molina (2017), p. 113.

[13] Molina (2017). El cuerpo y el devenir de las fuerzas en Nietzsche. p. 114.

[14] Nietzsche. Assim falou Zaratustra, p. 98.

Para Nietzsche, a presença da outredade pode ser percebida no Si-mesmo, inclusive quando sente a coação de forças indesejáveis que operam inconscientemente.

> "Um homem com panos de fundo (ou planos interiores)[15] precisa de primeiros planos, seja para outros, seja para si mesmo: pois os primeiros planos lhe são necessários para descansar de si mesmo e para fazer possível aos outros viverem conosco".[16]

Como assinala Molina, não é fácil distinguir entre os "panos de fundo" (ou planos interiores) e os "primeiros planos" em si mesmo. O que acontece é que, interna e subjetivamente, a força se divide e, às vezes, uma parte dela precisa de aliados para protegê-la da outra parte de si mesmo, da hostilidade autodirigida ou, ao contrário, da cômoda autoindulgência. É por isso que Nietzsche, nas palavras de Zaratustra, dirá que "as palavras – signos constitutivos da consciência – são pontes entre os seres humanos".[17]

Um terceiro aspecto produtivo a ser explorado ao confrontar as obras dos dois pensadores está relacionado às suas concepções do inconsciente, que apresentam fortes convergências, mas também diferenças decisivas.

Por um lado, suas concepções mostram grande semelhança. Nietzsche entende o inconsciente como um espaço de experiência insólita, rara, indizível e irrepresentável pela vulgaridade do verbo. O mesmo ocorre com a concepção freudiana, que o define como o lugar

---

[15] Livre tradução da palabra "trasfondos", do original em espanhol.

[16] Nietzsche apud Molina (2017), p. 115.

[17] Nietzsche. Assim falou Zaratustra.

das representações-coisa, incapazes de assumir uma identidade nominal, representadas de forma múltipla nas diversas redes associativas.

Freud, especialmente nos textos da Metapsicologia, desde o Projeto de 1895, descreve o inconsciente como atemporal, como lugar de coexistência pacífica de opostos, governado pelo processo primário, com suas condensações e deslocamentos; que vai além da linguagem e escapa à tirania das ideias.

Para Nietzsche, como mostrado no capítulo 2, linguagem e consciência estão inextricavelmente ligadas em seu desenvolvimento, ambas articuladas às necessidades de comunicação e representação da vida gregária, ao seu funcionamento adaptativo, sendo a consciência uma aquisição tardia da humanidade. Por sua vez, o inconsciente nada tem a ver com isso: "O que verdadeiramente nos acontece não é eloquente. Ainda que os acontecimentos quisessem, não poderiam comunicar-se por si mesmos. Carecem de *palavras*".[18]

Para ambos, portanto, consciência significava essencialmente linguagem. E o inconsciente: experiência privada de representação verbal. Por isso, como sustenta o professor Naffah Neto, o que Freud fez, portanto, foi desenvolver e dar forma terapêutica à tradição iniciada por Schopenhauer e Nietzsche.[19] Esses filósofos iniciaram sua reflexão colocando a consciência em seu devido lugar, postulando Schopenhauer a Vontade como núcleo do mundo e como essência íntima do homem e descrevendo-a como desprovida de consciência. Nietzsche vai além.

Por outro lado, há um aspecto da concepção freudiana, ligado ao papel e primazia do Complexo de Édipo na formação do inconsciente,

---

[18] Nietzsche. Crepúsculo dos ídolos, p. 90.

[19] Naffah Neto, A. (1997). Nietzsche e a psicanálise. Cadernos Nietzsche 2, p. 41-53.

que se afasta da concepção nietzschiana. Especialmente a partir de 1910, a noção de Complexo de Édipo passa a assumir um papel centralizador e codificador nos textos de Freud. Todos os desejos começam a encontrar um denominador comum: todos eles se centram no triângulo edípico. Nesse aspecto particular, que não se encontra em Nietzsche, Freud associa o inconsciente ao aspecto proibido, da sexualidade moralmente condenada, capaz de gerar angústia suficiente para expulsar da consciência sua representação.[20]

Lacan, posteriormente, aprofunda essa tendência freudiana, argumentando que é algo mais fundamental, que a fundação mesma do inconsciente e a consequente aquisição da linguagem dependem da ruptura da simbiose mãe-filho. Não entrar nesta "Lei da Ordem" significaria tornar-se psicótico. Ou se aceita a inserção no modelo ou se está condenado à loucura?, pergunta o professor Naffah Neto.[21]

Essa última abordagem do inconsciente não encontra refúgio na concepção nietzschiana, nem na versão metapsicológica inicial de Freud, que enfatiza o destronamento da consciência e a abertura ao desconhecido que nos atravessa. Nestes, a codificação da subjetividade através da família – através das formas e valores que compõem a família tradicional – não é imperativa.

Mas vale ressaltar que valorizar essa noção mais ampla do inconsciente não significa negar as questões de transmissão dos códigos familiares, nem ignorar o papel nuclear que a família e a sexualidade infantil desempenham nesse intrincado e ainda pouco conhecido reino do inconsciente. O que se quer enfatizar aqui é a perspectiva a partir da qual pretendemos enfocar a experiência humana: explorar e fazer

---

[20] Ibidem.

[21] Ibidem.

florescer o inusitado presente no inconsciente, muitas vezes contrário ao que está instituído? Ou reduzi-lo a uma convivência pacífica com o resultado da codificação disciplinar da cultura dominante, introjetada no sujeito pelo triângulo edipiano?

Nesse sentido, o professor Naffah Neto sustenta que a ausência de uma avaliação crítica dos valores leva Freud a tomar como universal o que é historicamente datado, confinando o inconsciente ao desejo edipiano recalcado e a suas figuras modelo.

O interesse progressivo por esse aspecto edipiano do inconsciente talvez seja reflexo da ausência de uma genealogia de valores verdadeiramente crítica no campo da psicanálise freudiana, como a que subjace e reforça a construção teórica de Nietzsche. Paul-Laurent Assoun, por exemplo, aponta que, para Freud, quem fala de moral assemelha-se a um pregador, de modo que, em última instância, todo discurso de e sobre a moral é "suspeito".[22]

Para Nietzsche, o inconsciente é mais amplo, inusitado, imprevisível. No inconsciente nietzschiano há um movimento vertiginoso de forças inconscientes no qual se desenrola a luta de desejos, motivações, interesses, sentimentos, muitos dos quais indecifráveis, intraduzíveis. O que se observa é uma mistura de sensações e imagens, a partir da qual a consciência compõe, com a ajuda da fantasia, um esboço aproximado do que acontece involuntariamente.[23]

O mesmo pode ser dito do inconsciente apresentado por Freud no Projeto de 1895, quando ainda não havia o imperativo do Complexo de Édipo como fundador e protagonista absoluto do inconsciente freudiano. Nele, prevalecem as "representações-coisa", em vez de uma

---

[22] Assoun (1991). Freud e Nietzsche: semelhanças e dessemelhanças.

[23] Molina (2017). El cuerpo y el devenir de las fuerzas en Nietzsche.

consciência em que predominam "representações-palavra". Em outras palavras, a consciência (e o pré-consciente) é "povoada" por representações de coisas articuladas com as respectivas representações de palavras. O inconsciente, por sua vez, é habitado por representações de coisas dissociadas de palavras que possam representá-las.[24]

No entanto, apesar dessa diferença, em ambos o inconsciente é visto como um Outro da cultura dominante. Fazer florescer o inconsciente significa, portanto, abrir a subjetividade e o mundo a esse Outro, contrário ao que está instituído.[25] Nessa perspectiva, eles seguem caminhos que podem diferir em conteúdo, forma ou propósito, mas também se cruzam e se complementam. Nietzsche, como visto no capítulo 2, defende firmemente a transvaloração de todos os valores para a transformação da cultura e do próprio homem em algo superior, tendo a vida, concebida como Vontade de poder, como o único parâmetro aceitável para guiar essa mudança. Freud, por outro lado, é mais cauteloso em suas aspirações, não dá ao médico competência para propor reformas dessa natureza, apesar de reconhecer sua necessidade. É manifestamente contrário às intenções de transformar "ser" em "dever". Ele não reconhece esses esforços no campo da ciência, no qual tenta situar sua psicanálise, entendendo-os mais como "moralistas", como alerta o professor Vincenzo Di Matteo.[26]

---

[24] Freud (1950 [1895]). Projeto para uma Psicologia Científica. .

[25] Naffah Neto (1997). Nietzsche e a psicanálise.

[26] Di Matteo (2011). Nietzsche y Freud: pensadores da modernidade

5 Os instintos em Nietzsche

Da mesma forma que o conceito de *Trieb* é central e utilitário na psicanálise freudiana, ele ocupa um papel fundante e funcional na teoria nietzschiana. Há um imperativo das pulsões em ambas as obras. Esse conceito, juntamente com o inconsciente e a cultura, é um ponto de articulação privilegiado das duas teorias. Sua centralidade é reconhecida, por exemplo, por Paul-Laurent Assoun, que o toma como referência e marco dos dois enfoques, como "termo-encruzilhada". Considera-o um ponto natural de união dos dois discursos, dada a extraordinária frequência com que aparecem e seu papel organizador em ambos.

As obras de Nietzsche e de Freud nos possibilitam avançar significativamente em um "saber do instinto", elevando-o à categoria de objeto de saber e de diagnóstico. Por isso, neste capítulo e no próximo, apresento, separadamente, suas construções teóricas e esboço uma tentativa de sintetizar suas elaborações sobre o tema, que se encontra disperso ao longo de seus trabalhos. Começo com Nietzsche, devido à sua precedência no tempo.

A noção de instinto – ou impulso, ou pulsão – é parte fundamental para compreender o alcance e magnitude da obra de Nietzsche. Autores como a argentina Sara Leticia Molina acreditam que Nietzsche fala de pulsão ou impulso quando usa o termo *Trieb*, outros consideram que usa *Trieb* ou *Instinkt* indistintamente, entre eles o professor José Jara, do Chile. Para o propósito do nosso trabalho, seguindo Jara, usarei o termo instinto[1] para denotar tanto a *Trieb* como a *Instinkt*, em Nietzsche.

Como na teoria freudiana, os instintos – ou pulsões – desempenham um papel essencial e fundador na obra de Nietzsche: "Todos os nossos motivos conscientes são fenômenos da superfície: por trás deles está a luta dos nossos impulsos e estados, a luta pelo domínio"[2]. Assim, para Nietzsche, o instinto é uma força que opera a partir de uma ação, de um ato. Na Genealogia da Moral, ele afirma: "Um *quantum* de forças é exatamente esse *quantum* de instinto, de vontade, de atividade – ainda, nada mais é do que essa mesma vivacidade, esse mesmo querer, esse mesmo agir".[3]

Os instintos – e as forças – são os suportes da atividade humana. Fazem parte daquela peculiar interioridade do homem que Nietzsche chamou de "Si-mesmo" – "o Corpo". No entanto, o filósofo também os entende como inseparáveis de tudo aquilo que os rodeia e para o qual se dirige para empreender uma ou outra transformação, a depender das exigências – as dificuldades ou as necessidades – que a vida cotidiana lhe impõe.

Como argumenta o professor Jara[4], a distinção entre o dentro e o fora, entre o pano de fundo (ou plano interior) e o primeiro plano, deve ser considerada mais como uma distinção metodológica para analisar

---

[1] Da mesma maneira, poderia utilizar o termo pulsão, indistintamente, sem prejuízo.

[2] Nietzsche, apud Molina (2017), p. 116.

[3] Nietzsche. Genealogia da moral: uma Polêmica, p. 33.

[4] Jara (2018). Nietzsche un pensador póstumo.

sucessiva e cuidadosamente os componentes da ação. Os instintos – e "suas vivências" – são inseparáveis do acaso da vida cotidiana.

A dissolução da dicotomia entre exterioridade e interioridade em relação às nossas forças e instintos é anunciada por Nietzsche em Aurora:

> Conhecer nossas circunstâncias – Podemos calcular nossas forças, mas não nossa força. Não são apenas as circunstâncias que a mostram e a escondem sucessivamente, mas também essas mesmas circunstâncias a aumentam ou diminuem. Devemos nos considerar como uma entidade variável, cuja capacidade produtiva pode atingir, em circunstâncias favoráveis, o mais alto grau. Convém, portanto, pensar sobre as circunstâncias e observá-las com a maior diligência.[5]

Em outras palavras, para o filósofo, as forças, os instintos, são "uma magnitude variável" dependendo de qual for o efeito que os diversos acontecimentos que configuram as circunstâncias e as experiências cotidianas produzem sobre elas.

Em Nietzsche, adverte o professor Jara[6], as forças – e os instintos – não podem ser consideradas como uma realidade substancial. Tampouco são, sem mais, a causa de ações determinadas, pois o que possam produzir é inseparável do engrandecimento ou da diminuição dessa magnitude conforme o modo como são afetados pelo que recebem daquele "fora" das circunstâncias. A dissolução dos limites entre o externo e o interno traz consigo a ruptura da noção de causalidade em relação às ações dos homens. Para Nietzsche, a causa é "retroprojetada" para um ponto anterior ao término da ação, quando se

[5] Nietzsche (2006). Aurora, p.91 (§ 326).

[6] Jara (2018). Nietzsche un pensador póstumo.

pretende descobrir e "representar" o que ali aconteceu, por meio de uma "interpretação" posterior aos acontecimentos.

Nietzsche também vê uma diversidade heterogênea de instintos, cada um pressionando para um lado. A realidade, para ele, é atribuída a essa diversidade conflitante de instintos, tomando a unidade como mera aparência. O que predomina nos instintos nietzschianos é uma diversidade efervescente. Eles são constitutivos dessa pluralidade que é a vontade e a vida. No entanto, como aponta Paul-Laurent Assoun[7], eles aparecem sempre agrupados. Toda atividade humana, aparentemente unitária, acaba sendo um mar de instintos unidos. Para o filósofo, a aparência de unidade serve para encobrir uma complexa combinação de instintos mantidos juntos pela força.

Porém, essa união, essa aparente unidade, não é uma fusão. Em outras palavras, em Nietzsche, há uma imagem de um corpo cujos componentes estão presos em uma unidade que não é uma fusão. Daí o estado de guerra que os instintos elementares estão obrigados a declarar para coexistirem. É de uma hostilidade dos instintos fundamentais mantidos juntos que ele fala: "A imagem mais geral do nosso ser é uma associação de impulsos, com uma rivalidade permanente e com alianças individuais entre eles. A inteligência é o objeto da disputa".[8]

Assim, o estatuto de verdade atribuído a uma ideia vem do instinto que exerce o comando do instinto vencedor, e é o que transmite a força a uma crença e a sedimenta:

> Tudo o que entra na consciência é o último elo de uma cadeia, uma conclusão. Que um pensamento seja imediatamente causa de outro

---

[7] Assoun (1991). Freud e Nietzsche: semehlanças e dessemelhanças.

[8] Nietzsche apud Molina (2017), p. 94.

> pensamento é algo apenas aparente. O acontecer verdadeiramente enlaçado se desenvolve por debaixo de nossa consciência: as séries e sequências de sentimentos, pensamentos, etc. que aparecem são sintomas do verdadeiro acontecer! Por baixo de cada pensamento há um afeto. Cada pensamento, cada sentimento, cada vontade, não nasceu de um impulso determinado, mas é um estado total, uma superfície inteira da consciência inteira, e resulta da momentânea (grifo acrescentado) comprovação do poder de todos os impulsos que nos constituem. Ou seja, tanto do impulso dominante quanto daquele que lhe obedece ou resiste. O próximo pensamento é um sinal de como, enquanto isso, se deslocou a posição total do poder. [9]

No entanto, é preciso sublinhar que a determinação da consciência como esse último elo não significa um fechamento definitivo dos encadeamentos, a cadeia é uma linha evolutiva. Como a atividade pulsional inerente à vida é incessante, o movimento de seus componentes é constante: os materiais-forças se imbricam, alguns aparecem, outros se mascaram ou desaparecem, temporariamente.[10]

Os elementos que intervêm nesse processo são múltiplos e constitutivos da historicidade do homem. Alguns deles, muito antigos, vêm do longo período pré-histórico do animal-homem. Outros serão incorporados em épocas mais recentes, nas últimas gerações. Outros têm sua fonte geradora no contexto familiar, econômico, social e cultural.[11]

Importa, portanto, assinalar que, para Nietzsche, é preciso conceber o instinto como produto de processos. Ou seja, para explicar a natureza das forças em ação, é necessário mostrar em ação os processos que

---

[9] Nietzsche apud Molina (2017), p. 108.

[10] Nietzsche apud Molina (2017).

[11] Molina (2017). El cuerpo y el devenir de las fuerzas en Nietzsche.

levaram a isso. Nietzsche diz que com o instinto não se explica o cumprimento dos fins, porque esses instintos, precisamente, já são o resultado de processos mantidos durante um tempo infinitamente longo. Para ele, o caráter original do instinto é uma ilusão. Para Nietzsche, "a vida pulsional pertence à natureza, mas as formações têm a marca da historicidade".[12]

Postula a existência de um instinto histórico. Sustenta que ao longo da história implantamos um novo hábito, um novo instinto, uma nova natureza, de modo que a primeira natureza seca e cai.[13] Mas não estende seu uso dos instintos, em seu sentido "puro" ou primário, além do orgânico comum a todos os homens. Somente pela ignorância poder-se-ia entender que ele pretende falar de processos fisiológicos que teriam tais condições intelectuais como componentes inatos.[14]

O que está interessado em sublinhar com seu conceito de instinto é a imediatez da ação que através dele se torna presente no homem, mas não porque ali se exprima uma resposta puramente orgânica. O que nos interessa aqui é que, comparado ao entendimento que julga e pode valorar, o instinto é de fato uma força, mas "míope": "Todos os julgamentos dos instintos são de visão curta em relação à cadeia das consequências: eles aconselham sobre o que é preciso fazer imediatamente".[15]

O que advoga Nietzsche é que, apesar de o homem já levar dentro de si todo um processo de valorações que se fizeram corpo nele, ele responde e age com um imediatismo e com uma certeza que se poderia

---

[12] Nietzsche apud Molina (2017).

[13] Assoun (1991). Freud e Nietzsche: semelhanças e dessemelhanças.

[14] Jara (2018). Nietzsche un pensador póstumo.

[15] Ibidem, p. 176.

pensar que "esqueceu" a complexidade desse processo, que seu comportamento pode chegar a ser percebido como "instintivo", levando em conta que ele não está em condições de responder pela articulação de forças e de valores que atuam nesse processo, que para ele permaneceu inconsciente, mas não por isso menos incorporado à sua vida.[16]

Em suas palavras:

> Falo de instinto quando um julgamento qualquer (o gosto em seu nível mais baixo) se fez corpo, de modo que agora ele se move espontaneamente e não precisa esperar por um estímulo. Tem em si mesmo o crescimento e, consequentemente, também o seu sentido de atividade que empurra para fora [...].[17]

Assim, em Nietzsche, é possível distinguir pelo menos dois tipos de instintos: os "instintos naturais" e os "instintos morais". Ou seja, diferencia-se o comportamento provocado por uns instintos com uma carga fortemente orgânica e outros "morais", que aparecem como mais "fracos" ou como provido de maiores recursos em relação àqueles.[18]

No § 38 de Aurora, sob o título "Os instintos transformados pelos juízos morais", Nietzsche afirmou:

> Um mesmo instinto se transforma no sentimento deprimente de covardia, sob a impressão da censura infligida pelos costumes, ou no sentimento agradável da humildade se uma moral como a cristã o reabilita e o qualifica como bom. Assim, esse instinto irá supor, conforme o caso, tranqüilidade

---

[16] Ibidem.

[17] Nietzsche apud Jara (2018), p. 177.

[18] Jara (2018). Nietzsche un pensador póstumo.

> ou inquietação de consciência. Em si, como todo instinto, é independente da consciência, não possui caráter ou determinação moral, nem mesmo vai acompanhado por uma sensação de prazer ou desgosto particular. Tudo isso o adquire como uma segunda natureza quando entra em relação com outros instintos que já receberam o batismo do bem e do mal, ou é considerado como atributo de um ser que o povo caracterizou e avaliou do ponto de vista moral.[19]

Ou seja, para ele, os instintos humanos são capazes de receber uma segunda natureza a partir dos preceitos e valores contidos nos costumes e na moral vigentes em uma sociedade. Em *Humano, Demasiado Humano*, no aforismo intitulado "Costumes e Moral", afirma:

> Ser moral, costumeiro, ético, significa ter obediência perante uma lei ou a uma tradição de longa data. É indiferente se a gente se submete a ela com dificuldade ou com prazer, basta com que o faça. Chama-se "bom" aquele que, depois de uma longa herança e quase por natureza, pratica fácil e voluntariamente o que é "moral". [...] Ser "mau" é ser "não-moral" (imoral), praticar maus hábitos, ofender a tradição, seja ela racional ou estúpida [...].[20]

Completa:

> Egoísta ou altruísta não é a oposição fundamental que levou os homens a diferenciar entre o moral e o imoral, o bom e o mau, mas a vincular-se a uma tradição, a uma lei, ou a desvincular-se dela. Nisto, não importa como

---

[19] Nietzsche. Aurora, p.24.

[20] Nietzsche. Humano demasiado humano: um livro para espíritos livres, p. 67.

> surgiu a tradição, em todo caso o fez sem levar em conta o bem e o mal, ou qualquer imperativo categórico imanente, mas sobretudo para preservar uma comunidade, um povo; cada ato supersticioso, que surge de um acaso mal interpretado, determina uma tradição que é moral a seguir; afastar-se dela é perigoso, ainda mais prejudicial à comunidade do que ao indivíduo.[21]

No mesmo texto acrescenta que a lei e a tradição se baseiam em um duplo critério: a comunidade vale mais que o indivíduo, e a vantagem duradoura deve ser preferida à passageira. Embora cada tradição se torne mais respeitável à medida que se afasta de sua origem, mais esquecida ela é. O respeito que se grava aumenta a cada geração. Finalmente, torna-se sagrada, despertando temor e veneração.

Para Nietzsche, quando os instintos obtêm essa "segunda natureza moral", tornam-se sentimentos e afetos, por meio dos quais se delimita seu caráter moral. Mas, em "Aurora", quando fala "dos sentimentos e da influência que os julgamentos têm sobre eles", diz:

> Olhe para o seu coração ou seus sentimentos! - se diz. Mas os sentimentos não são algo definitivo ou original; por trás deles estão os julgamentos e as apreciações que nos são transmitidos na forma de sentimentos (preferências, antipatias). A inspiração que emana de um sentimento é neta de um julgamento, muitas vezes de um julgamento errado! e em todos os casos de um julgamento que não é seu. Ser guiado pelos sentimentos é obedecer mais ao seu avô, à sua avó e aos avós deles do que aos deuses que habitam em nós, que são nossa razão e nossa experiência.[22]

---

[21] Ibidem, p. 68.

[22] Nietzsche. Aurora, p. 23.

Assim, os instintos, como uma segunda natureza moral do homem, atingem a moralidade de um sentimento ou de um afeto seja por meio de uma "herança" ou por uma "construção do intelecto", por "obediência" aos ancestrais ou por interpretar um processo fisiológico.[23]

Nietzsche entende que "os instintos são os afetos ulteriores de apreciação de valor guardados por um longo período de tempo que agora agem instintivamente, como um sistema de juízos de prazer e dor. Primeiro a coação, depois a habituação, depois a carência, depois a inclinação natural (instinto)".[24]

Os afetos são para ele, portanto, "uma construção do intelecto, uma invenção de causas que não existem. Todos os sentimentos comuns corporais que não entendemos serão interpretados intelectualmente, ou seja, buscar-se-á um fundamento para sentir-se desta ou daquela maneira em relação a pessoas, vivências, etc".[25]

O fato é que, por mais longe que formos no conhecimento de nós mesmos, nada pode ser mais incompleto do que a imagem da totalidade dos instintos que constituem nossa essência. Nietzsche ainda diz em Aurora, § 119:

> Qualquer que seja o grau que alguém possa atingir no conhecimento de si, nada pode ser mais incompleto que a imagem que se faz dos instintos que constituem seu ser. Mal sabe citar por seus nomes os instintos mais grosseiros: seu número e sua força, seu fluxo e refluxo, seu jogo recíproco e, antes de tudo, as leis de sua nutrição permanecem inteiramente

---

[23] Jara (2018). Nietzsche un pensador póstumo.

[24] Nietzsche apud Jara (2018), p. 177.

[25] Nietzsche apud Jara, J. (2018), p. 174.

desconhecidos. Essa nutrição se torna, pois, obra do acaso: os acontecimentos cotidianos de nossa vida lançam sua presa ora a esse instinto, ora àquele; ele os toma avidamente, mas o vaivém desses acontecimentos se encontra fora de toda correlação racional com as necessidades nutritivas do conjunto dos instintos, de modo que ocorrerá sempre duas coisas — uns desfalecerão e morrerão de inanição, outros serão alimentados em excesso. Cada momento de nossa vida faz crescer alguns tentáculos de nosso ser e faz secar alguns outros, conforme a nutrição que o momento trouxer ou não. Sob esse ponto de vista, todas as nossas experiências são alimentos, mas distribuídos às cegas, ignorando aquele que tem fome e quem já está satisfeito.[26]

Assim, pode-se entender que, para Nietzsche, os instintos não são autossuficientes, eles requerem algo outro que os "satisfaça, ative, exercite, conforte, descarregue". Eles precisam ser nutridos. Mas essa nutrição é obra do acaso. No entanto, como assinala o professor José Jara, não se trata do acaso entendido como destino ou fatalidade regida por divindades caprichosas ou por forças ocultas e indomáveis através das frágeis forças do homem. É o acaso das vivências e experiências de cada dia, do cotidiano da vida. Esse acaso é o que se interpõe entre os desejos e as necessidades desses instintos humanos e suas respectivas satisfações.[27]

Assim exemplifica Nietzsche, em "Aurora":

[...] admitindo que um instinto chega ao ponto em que exige ser satisfeito — ou exercer sua força ou satisfazê-la ou preencher um vazio (para usar imagens): examinará cada acontecimento do dia para saber como pode

---

[26] Nietzsche. Aurora, p. 48.

[27] Jara (2018). Nietzsche un pensador póstumo.

> utilizá-lo para seus próprios fins: qualquer que seja a condição em que o homem se encontre, que caminhe ou descanse, que leia ou fale, que se zangue ou lute ou que se alegre, o instinto alterado tateia de algum modo cada uma dessas condições e, na maioria dos casos, nada encontrará a seu gosto; deve então esperar e continuar a ter sede: um instante mais e vai enfraquecer, mais alguns dias ou meses, se não for satisfeito, secará como uma planta sem chuva. Talvez essa crueldade do acaso saltasse mais à vista com cores mais vivas se todos os instintos exigissem ser satisfeitos tão fundamentalmente como a fome, que não se contenta com alimentos sonhados; mas a maior parte dos instintos, sobretudo os chamados morais, se satisfaz precisamente assim — se for permitido supor que nossos sonhos servem para compensar, em certa medida, a ausência acidental de "alimento" durante o dia.[28]

Nietzsche adverte que a vida desperta não dispõe da mesma plasticidade – "da mesma liberdade de interpretação" – que a vida de sonho – "é menos poética, menos desenfreada". Mas interroga: será que durante o dia os instintos também não fazem mais do que interpretar as excitações nervosas e fixar-lhes as "causas" segundo suas necessidades? Que entre o estado desperto e o sonho não há diferença essencial? Que nossas avaliações e nossos juízos morais são sempre imagens e fantasias que escondem um processo fisiológico desconhecido a nós, uma espécie de linguagem convencional para designar certas irritações nervosas? Que tudo o que chamamos consciência não é outra coisa que o comentário mais ou menos fantasioso de um texto desconhecido, talvez incognoscível, mas pressentido?

---

[28] Nietzsche. Aurora, p. 48.

Mais uma vez ensaia responder utilizando-se de exemplos:

> Tomemos o exemplo de uma pequena experiência vivida. Suponhamos que percebemos um dia, enquanto atravessamos a praça pública, que alguém ri de nós: segundo aquele de nossos instintos que esteja então em seu ponto culminante, esse incidente terá para nós esta ou aquela significação — segundo o tipo humano a que pertencemos será um incidente totalmente diferente. Um vai recebê-lo como uma gota de chuva, outro vai sacudi-lo para longe como um inseto; um vai procurar nisso um pretexto para discutir, outro vai examinar as roupas para verificar se se prestam ao riso, outro vai meditar sobre o ridículo em si; finalmente, haverá talvez aquele que vai se alegrar por ter contribuído sem querer para acrescentar um raio de sol à alegria do mundo — e em cada um desses casos um instinto conseguirá satisfação, que seja o de desprezo, o da combatividade, o da meditação ou o da benevolência. Esse instinto, qualquer que seja, se apoderou do incidente como de uma presa: por que precisamente esse? Porque, sequioso e esfomeado, estava à espreita.[29]

O que são, pois, os acontecimentos de nossa vida para o filósofo? São vazios em si mesmo? Viver é imaginar? Para ele, esses acontecimentos são "muito mais o que neles pomos do que neles se encontra!"

Entretanto, deve-se considerar que é a miopia dos instintos o que converte todos os qualificativos de valor que podem ser atribuídos a eles em sentimentos e em afetos, que aparecem assim como sendo sua segunda natureza moral, recebida desde fora. Nietzsche diz: os instintos, em si mesmos, não possuem "qualquer caráter ou nome moral". É exatamente por isso que eles carecem de culpa em relação às

---

[29] Nietzsche. Aurora, p. 50

ações dos homens. Eles são sempre inocentes, embora sua inocência venha da falta de inteligência, típica de toda força que é apenas força.[30]

Como o instinto não é inteligente, a "utilidade" não é relevante, ou mesmo existente, para ele. Todo instinto, quando atua, sacrifica a força e também outros instintos. No entanto, em algum momento, será freado; caso contrário, aniquilaria tudo. De fato, o "não egoísta", altruísta, imprudente, é comum a todos os instintos, não é nada especial. Os instintos não pensam na utilidade da totalidade do ego (porque eles não pensam!). Eles agem contra nossa utilidade, contra o ego. Frequentemente, inclusive, eles podem agir em favor do ego. Inocentemente em ambos os casos.[31]

E, para Nietzsche, é exatamente porque os instintos do homem, como toda força, não são algo a que se possa atribuir a condição da inteligência, eles precisam ser interpretados, ou seja, que suas forças sejam orientadas, conduzidas em alguma direção. Sustenta que são os sentimentos, os afetos, que realizam essa tarefa, enquanto os impõe uma segunda natureza. E é exatamente a totalidade deles reunidos que designa um conceito central no pensamento do filósofo: a Vontade.[32]

Assim, para ele, "a interpretação mesma é um sintoma de certos estados fisiológicos, bem como de um certo nível espiritual de julgamentos dominantes: Quem interpreta? – Nossos afetos". Além disso, sua teoria é "que a Vontade de poder é a forma primitiva do afeto, que todos os outros afetos são apenas suas configurações [...] que toda força que faz avançar é Vontade de poder, que fora dela não há

---

[30] Ibidem.

[31] Ibidem.

[32] Ibidem,

nenhuma força física, dinâmica ou psíquica".[33] E lembremos também que, para Nietzsche, a vida nada mais é do que a Vontade de poder em movimento, como vimos no capítulo 2.

O que se aponta aqui é que, para o filósofo, a Vontade de poder – sendo a forma primitiva do afeto, ou sendo esta uma forma específica de manifestação das forças – é uma força interpretada histórica e intelectualmente. Assim, como consequência, um princípio central de sua teoria é: a vida é uma interpretação. Aquilo que historicamente os homens fizeram de si mesmos através das forças, dos instintos que possuem.[34]

Embora a Vontade seja constituída por uma pluralidade de forças enraizadas no corpo, sua corporeidade a situa num campo de exterioridade onde existem outros corpos e outras coisas com as quais ela entra numa relação transformadora e criativa de múltiplos sentidos e em diferentes direções, adverte o professor Jara. A isso Nietzsche chama de interpretação.

Em suma, como aponta o professor chileno, para Nietzsche, algo que vive quer, antes de tudo, dar rédea solta à sua força – ou seja, a própria vida é Vontade de poder. Ele entende a Vontade de poder como configurada por aquelas forças constitutivas do vivo, da vida, que é aquele fenômeno mais amplo no qual é possível encontrar formas particulares de expressão e, sobretudo, de interpretação das forças, como as de uma condição física, dinâmica ou psíquica. Essa Vontade de poder é um querer-chegar-a-se-apropriar, a-ser-senhor, a-ser-mais, a-ser-mais forte. Sem esquecer que esse querer é indissociável daquele "algo" querido, que ao se tornar uma "obra" que se cria, produz tanto o prazer de criá-lo, quanto o prazer que deriva dessa percepção e

---

[33] Nietzsche apud Jara, J. (2018), p. 178.

[34] Jara (2018). Nietzsche un pensador póstumo.

consciência da diferença das próprias forças, capazes de agir criativamente.

Nietzsche defende fortemente, portanto, a transvaloração de todos os valores, a transformação da cultura e do próprio homem em algo superior, sendo a vida, concebida como uma Vontade de poder, como o único parâmetro aceitável para guiar essa mudança. Entende que, através das formas históricas e culturais do devir dos instintos, a natureza foi degradada. Perante essa patologia, é necessário mudar de pele, o que supõe o regresso a algo parecido a uma primeira natureza, mais saudável.

Finalmente, lembro que, dada essa importância da historicidade da vida pulsional, a transformação defendida pelo filósofo requer rupturas para dar lugar ao novo, ou melhor, à volta à primeira natureza. O homem tem que aceitar a dor que essas quebras supõem.[35] Logo, postula Nietzsche: "Deveis conservar o caos em vós: os que têm de vir querem formar-se a partir dele".[36]

[35] Molina (2017). El cuerpo y el devenir de las fuerzas en Nietzsche.

[36] Nietzsche apud Molina (2017), p.111.

6 As pulsões em Freud

Desde os primeiros anos da psicanálise, já nas chamadas publicações pré-psicanalíticas de Freud, há uma clara vertente conceitual que aponta em direção à temática das pulsões, ainda que de forma pouco explícita. No 'Projeto para uma Psicologia Científica' (Projeto de 1895), por exemplo, apresenta os processos psíquicos como "estados quantitativamente determinados", atribuindo-lhes alguns princípios fundamentais: o Princípio da Inércia e sua subsequente modificação, o Princípio da constância.

No primeiro, os neurônios – unidades constitutivas do sistema nervoso – tendem a livrar-se dessas "quantidades" provenientes dos estímulos externos, ou seja, atuam como um dispositivo destinado a neutralizar sua recepção, através de uma descarga. Essa descarga representaria a função primária do sistema nervoso, existindo ainda uma função secundária, a da fuga do estímulo.[1]

Enquanto isso, à medida que a complexidade interior do organismo aumenta, o sistema nervoso recebe estímulos do próprio elemento somático – os estímulos endógenos – que também precisam ser descarregados. Desses estímulos, diferentemente do que faz com os estímulos externos, o organismo não pode escapar, nem mesmo afastar-

---

[1] Freud (1950 [1895]). Projeto para uma Psicologia Científica.

se, desviar-se, distanciar-se. Eles cessam apenas por certas condições, que devem ser cumpridas no mundo externo. Para realizar essa "ação específica", é necessário um esforço independente do estímulo endógeno. Como consequência, o sistema nervoso é forçado a abandonar sua tendência original à inação, quebrando o "princípio da inércia". Ou seja, ele é obrigado a tolerar a manutenção de um acúmulo dessas "quantidades" suficientes para satisfazer as exigências daquela "ação específica" que poderá deter o estímulo. Enquanto isso, a maneira como realiza isso demonstra que a mesma tendência persiste, apenas modificada pelo esforço de manter as "quantidades" no nível mais baixo possível e prevenir qualquer aumento delas – ou seja, mantê-las constantes – é o "princípio de constância".[2]

Após a entrada discreta de Freud no estatuto das pulsões, expresso implicitamente nesses "estímulos endógenos" em sua teorização de uma "economia neurônica", é em 1905, com os "Três ensaios sobre a teoria da sexualidade", que inicia a trabalhar explicitamente o conceito de pulsão (*Trieb*). Nesse trabalho, começa por propor o afrouxamento do vínculo que existe entre a pulsão e o objeto que, até então, se imaginava como tendo uma ligação excessivamente íntima.

Declara que: "é provável que, inicialmente, a pulsão sexual seja independente de seu objeto, e tampouco deva sua origem a seus encantos".[3] Com isso, põe em segundo plano o valor do objeto, mesmo o sexual. Alerta, então, que o essencial e constante nas pulsões é alguma outra coisa.

---

[2] Ibidem.

[3] Freud (1905). Três Ensaios sobre a teoria da Sexualidade, p. 140.

Naquele momento, apesar de reconhecer o quanto esse conceito ainda parece obscuro na psicanálise, Freud insiste em explicitar uma definição um pouco mais elaborada:

> Por pulsão podemos entender, em princípio, apenas o representante psíquico de uma fonte endossomática de estimulação que flui continuamente, para diferenciá-la do "estímulo", que é produzido por excitações isoladas vindas de fora. Pulsão, portanto, é um dos conceitos da delimitação entre o anímico e o físico.[4]

Mais tarde, em seus artigos metapsicológicos, Freud procurou ir um pouco mais longe na definição desse conceito, enfatizando a distinção entre uma pulsão e seu 'representante psíquico':

> De fato, sou da opinião de que a antítese entre consciente e inconsciente não se aplica às pulsões. Uma pulsão nunca pode se tornar objeto de consciência – somente a ideia que a representa pode. Além disso, mesmo no inconsciente, uma pulsão não pode ser representada de outra forma senão por uma ideia. Se a pulsão não se prendeu a uma ideia ou não se manifestou como um estado afetivo, não poderemos conhecer nada sobre ela.[5]

Importante observar que a evolução do conceito ocorre sem romper, em nenhum momento, com a lógica econômica, centrada na visão "quantitativa" apresentada na obra de 1895. Nos " Três ensaios sobre a teoria da sexualidade", de 1905, sustenta como a "hipótese mais simples e mais indicada" de que a pulsão, em si, não possui qualquer qualidade,

---

[4] Ibidem, p. 159.

[5] Freud (1915) O Inconsciente, p. 182.

deve ser considerada como medida da demanda de trabalho feita à vida anímica. E enfatiza que o que distingue as pulsões umas das outras e lhes confere propriedades específicas é sua relação com suas fontes somáticas e seus objetivos, entendendo como fonte um processo excitatório em um órgão, e como objetivo imediato a supressão desse estímulo orgânico.

Outra hipótese assumida por Freud no momento da construção de sua teoria das pulsões é que os órgãos do corpo fornecem dois tipos de excitação, baseados em diferenças de natureza química. Um desses tipos de excitação é especificamente designado como sexual, e o órgão em questão é referido como a "zona erógena" da pulsão parcial que surge dele. No esforço de traçar as origens dessa pulsão sexual, por meio de sua investigação das fontes da sexualidade infantil, ele observa que a excitação sexual se origina de três processos: pela reprodução de uma satisfação vivenciada em relação a outros processos orgânicos; pela estimulação periférica apropriada das zonas erógenas; e, ainda, como expressão de 'algumas pulsões cuja origem ainda não compreendia bem'.

Em sua elaboração sobre as fases de desenvolvimento da organização sexual, na obra de 1905, destaca como característica da vida sexual infantil, além do fato de ela ser essencialmente autoerótica (seu objeto encontra-se no próprio corpo), que suas pulsões parciais são inteiramente desvinculadas e independentes entre si em seus esforços pela obtenção de prazer. Postula a existência de fases de organização pré-genitais – primeiro a fase oral ou canibalística, seguida por uma fase sádico-anal.

Na primeira, a atividade sexual ainda não foi separada da função de nutrição, nem se diferenciam as correntes opostas dentro dela. O objeto de uma atividade é também o objeto da outra, e a meta sexual consiste na incorporação do objeto. Na segunda, a divisão em opostos que atravessa a vida sexual já foi constituída, mas eles ainda não podem ser chamados de masculino e feminino, senão apenas de ativo e passivo. Junto a isso, outras pulsões parciais atuam de maneira autoerótica. Nessa fase, portanto, já é possível demonstrar a polaridade sexual e o objeto alheio, ainda carente de organização e subordinação à função reprodutora.[6]

É importante observar nessa construção freudiana uma compreensão explícita de uma parcialização das pulsões, sendo as pulsões parciais ligadas e distinguidas por sua relação com as fontes somáticas e suas finalidades. Como consequência, pode-se ver em Freud uma concepção finita do universo das pulsões, restringida pelos limites de base somática. Ou seja, em última análise, pelo número de zonas erógenas.

O desenlace do desenvolvimento dessas fases da organização sexual constitui o que ele chamou de vida sexual normal do adulto, na qual a obtenção do prazer está a serviço da função reprodutiva. A partir de então, as pulsões parciais se organizam sob a primazia de uma única zona erógena – a genital – para atingir a meta sexual em um objeto sexual alheio.[7]

Mas, de onde viria essa tendência de coesão posterior, garantindo uma primazia à pulsão genital que permite integrar o conjunto das pulsões parciais?

Resultaria do próprio processo de desenvolvimento da libido, assim resumido por Freud em um breve texto de 1923[1922], intitulado "Dois verbetes de enciclopédia: Psicanálise e Teoria da Libido":

---

[6] Freud (1905). Três Ensaios sobre a teoria da Sexualidade.

[7] Ibidem.

> O Desenvolvimento da Libido – A pulsão sexual, a manifestação dinâmica do que, na vida mental, chamamos de 'libido', é constituída por pulsões componentes nas quais pode novamente se desdobrar e que só gradualmente se unem em organizações bem definidas. As fontes dessas pulsões componentes são os órgãos do corpo e, em particular, certas zonas erógenas especialmente acentuadas; no entanto, a libido recebe contribuições de todo processo funcional importante do corpo. Inicialmente, as pulsões componentes individuais buscam obter a satisfação independentemente umas das outras, mas, no curso do desenvolvimento, tornam-se cada vez mais convergentes e concentradas.[8]

É importante acrescentar que Freud entende o conceito de libido como uma força quantitativamente variável que poderia medir os processos e transformações que ocorrem no campo da excitação sexual. Diferencia essa libido, quanto à sua origem particular, da energia que supostamente está subjacente aos processos anímicos em geral, sendo caracterizada por uma química especial.[9] Assim, também lhe confere um caráter qualitativo.

Portanto, como indica Paul-Laurent Assoun, para Freud, o processo de desenvolvimento da libido tem o efeito de diluir a multiplicidade das pulsões, unindo-as em torno da zona genital. A atuação parcial das pulsões torna-se progressivamente uma atuação ligada. Segundo ele, isso nos permite especular que na parcialização há um germe da ideia de divisão do trabalho. Ele sugere que há em Freud o postulado de uma certa astúcia da libido que faz com que as individualidades pulsionais,

---

[8] Freud, S. (1923 [1922]). Dois verbetes de enciclopédia: Psicanálise e Teoria da Libido, p. 261.

[9] Freud (1914). Sobre o narcisismo: uma introdução.

mesmo quando cada uma opera por si, atuem inconscientemente pela coesão do conjunto. E resume: "porque todas as pulsões resultam da fonte comum, que é a libido, é que devem se reunir nessa fonte comum, como os rios que inevitavelmente se lançam ao mar".[10]

Um novo avanço na teoria freudiana das pulsões se consolida no trabalho "As pulsões e suas vicissitudes", de 1915. Nele, entre outras coisas, buscando revelar a natureza essencial das pulsões, Freud lança luz sobre quais seriam suas principais características e quais seriam seus componentes.

Defende como características principais das pulsões sua origem em fontes de estimulação dentro do organismo; seu aparecimento como uma força constante; e, ainda, que nenhuma ação de fuga prevalece contra elas. Postula que:

> Uma pulsão (...) jamais atua como uma força que imprime um impacto momentâneo, mas sempre como um impacto constante. Além disso, visto que ela incide não a partir de fora mas de dentro do organismo, não há como fugir dela. O melhor termo para caracterizar um estímulo pulsional seria 'necessidade'. O que elimina uma necessidade é a 'satisfação'. Isso pode ser alcançado apenas por uma alteração apropriada ('adequada') da fonte interna de estimulação.[11]

Note-se que, quanto a esse caráter contínuo e endógeno das pulsões, Freud permanece em total alinhamento com o Projeto de 1895: "O que sabemos a respeito dos estímulos endógenos pode-se expressar no pressuposto de que eles são de natureza intracelular, produzidos de

---

[10] Assoun (1991). Freud e Nietzsche: semelhanças e dessemelhanças, p. 138.

[11] Freud (1915). A pulsão e suas vicissitudes, p. 124.

forma contínua e só periodicamente se transformam em estímulos psíquicos”.[12]

Da mesma forma, as características e funções atribuídas ao aparelho psíquico na obra de 1915 são totalmente coerentes com os princípios da inércia e da constância postulados em 1895. Em 1915, afirma:

> O sistema nervoso é um aparelho cuja função é livrar-se dos estímulos que o atingem, reduzindo-os ao nível mais baixo possível; ou que, se isso fosse viável, permaneceria em uma condição inteiramente não estimulada. Não nos oponhamos por ora à indefinição dessa ideia e atribuamos ao sistema nervoso a tarefa – falando em termos gerais – de dominar estímulos. (...) [As pulsões] forçam o sistema nervoso a desistir de sua intenção ideal de afastar os estímulos, pois mantêm um fluxo incessante e inevitável de estimulação.[13]

Após caracterizar as pulsões, na mesma obra, Freud faz um esforço para consolidar o entendimento sobre alguns termos utilizados com referência às pulsões, denominando-os como seus principais componentes: sua pressão (*Drang*), sua meta (*Ziel*), seu objeto (*Objekt)* e sua fonte (*Quelle*).

Ao primeiro – pressão – atribui o fator motor das pulsões, a quantidade de força ou a medida de exigência de trabalho que ele representa. É a sua própria essência. Nesse sentido, postula ainda que toda pulsão é ativa. As pulsões passivas devem ser entendidas apenas como aquelas cuja finalidade é passiva. Por sua vez, o segundo componente, a meta, é sempre a satisfação, sempre obtida pela

---

[12] Freud (1950 [1895]). Projeto para uma Psicologia Científica, p. 368.

[13] Freud (1915b) O Instinto e suas vicissitudes, p. 125.

eliminação do estado de estimulação na fonte da pulsão. Quanto a esse componente, admite que as pulsões podem ter finalidades intermediárias ou que podem, inclusive, ser 'inibidas na sua meta'. Ainda assim, mesmo nesses processos, devemos supor que está envolvida uma satisfação parcial.

Já o objeto da pulsão, define como sendo "a coisa em relação à qual ou por meio da qual a pulsão é capaz de atingir sua meta". É o que há de mais variável numa pulsão e, originalmente, não está ligado a ela, apenas sendo destinado a ela, por ser peculiarmente adequado para possibilitar a satisfação".[14] O objeto também pode igualmente ser uma parte do próprio corpo do indivíduo. Pode ainda ser modificado quantas vezes forem necessárias no curso das vicissitudes que a pulsão sofre durante sua existência, pois esses deslocamentos da pulsão desempenham papéis altamente importantes. Por fim, define a fonte de uma pulsão como sendo o processo somático que ocorre em um órgão ou parte do corpo, em que o estímulo é representado na vida mental por uma pulsão.

Nesse momento, Freud propõe como hipótese de trabalho, a ser preservada apenas enquanto for útil, que se distinguem dois grupos de pulsões primordiais: as pulsões do ego ou de autopreservação e as pulsões sexuais. A primeira está relacionada ao propósito de autopreservação. A segunda visa a sexualidade, o prazer sexual. Trabalhou então com a hipótese de que as patologias psíquicas, de alguma forma e com grande frequência, provinham da intolerável contradição entre os interesses desses dois grupos de pulsões, que ele entendia como regulados pelo Princípio do prazer/Princípio da realidade.[15]

---

[14] Ibidem, p. 128.

[15] Ibidem.

Naquela época, entendia poder nos fornecer informações de natureza razoavelmente satisfatória somente sobre as pulsões sexuais, pois ainda não havia uma base para o conhecimento das pulsões do ego. Assim, na tentativa de uma caracterização geral das pulsões sexuais, resume:

> (...) São numerosas, emanam de grande variedade de fontes orgânicas, atuam em princípio independentemente uma da outra e só alcançam uma síntese mais ou menos completa numa etapa posterior. A finalidade pela qual cada uma delas luta é a consecução do 'prazer do órgão', somente quando a síntese é alcançada é que elas entram a serviço da função reprodutora, tornando-se então identificáveis, de modo geral, como pulsões sexuais. Logo que surgem, estão ligadas aos instintos da autopreservação, dos quais só gradativamente se separam; também na sua escolha objetal, seguem os caminhos indicados pelas pulsões do ego. Parte delas permanece associada às pulsões do ego pela vida inteira, fornecendo-lhes componentes libidinais, que, no funcionamento normal, escapam à observação com facilidade, só sendo revelados de maneira clara no início da doença. Distinguem-se por possuírem em ampla medida a capacidade de agir vicariamente umas pelas outras, e por serem capazes de mudar prontamente de objetos. Em conseqüência dessas últimas propriedades, são capazes de funções que se acham muito distantes de suas ações intencionais originais – isto é, capazes de 'sublimação'.[16]

Note-se que, como será mostrado neste capítulo, esses dois grupos de pulsões são abandonados por Freud como instrumento de trabalho alguns anos depois, substituídos pelo par pulsão de vida e pulsão de

---

[16] Ibidem, p. 131.

morte. Mas, esse texto marca uma mudança de direção na teoria freudiana da pulsão, passando a estruturar a vida psíquica em princípios pulsionais duais, permanecendo assim até sua última obra, o "Compêndio da Psicanálise" (1940[1938]).

Limitando-se então às pulsões sexuais, em "As pulsões e suas vicissitudes", Freud detalha ainda várias vicissitudes pelas quais as pulsões podem passar no processo de desenvolvimento e no curso da vida, quais sejam: a transformação no contrário; o retorno ao próprio eu (*self*) do indivíduo; recalque e sublimação.

A transformação de uma pulsão em seu contrário pode ocorrer por dois processos diferentes: uma mudança de atividade para passividade e uma reversão de seu conteúdo. Exemplos do primeiro processo ocorrem nos dois pares de opostos: sadismo-masoquismo e escopofilia-exibicionismo. A transformação afeta apenas as finalidades dos instintos. A finalidade ativa (torturar, olhar) é substituída pela finalidade passiva (ser torturado, ser olhado). Para o caso do retorno de uma pulsão em direção ao próprio eu (*self*) do indivíduo, Freud propõe a reflexão de que o masoquismo é, na verdade, o sadismo que retorna em direção ao próprio ego do indivíduo, e que o exibicionismo inclui o olhar para seu próprio corpo. Neles, a essência do processo é, portanto, a mudança de objeto. A finalidade permanece inalterada.[17]

A sublimação, apesar de Freud apontá-la como 'a vicissitude mais importante que uma pulsão pode experimentar', nunca foi detalhada por ele em profundidade. Em geral, só supõe que nela tanto o objeto quanto a finalidade são modificados. O que era originalmente uma pulsão sexual encontra satisfação em alguma realização que não é mais sexual, mas de uma valoração social ou ética superior.[18]

---

[17] Ibidem.

[18] Freud (1923 [1922]). Dois verbetes de enciclopédia: Psicanálise e Teoria da Libido.

Por sua vez, o recalque, dada a sua importância, é tratado de forma especial e separada em um dos artigos metapsicológicos, que leva seu nome no título. Esse mecanismo ocorre quando um impulso pulsional encontra resistências que procuram torná-lo inoperante. Freud adverte, no entanto, que o recalque não é um mecanismo defensivo que esteja presente desde o início, e que ele só pode surgir quando houver uma cisão distintiva entre a atividade mental consciente e inconsciente. No final das contas, sua essência consiste simplesmente em afastar determinada coisa do consciente, mantendo-a à distância. O recalque não impede que o representante pulsional continue a existir no inconsciente, nem impede que ele dê origem a derivados e estabeleça ligações. Ele só interfere na relação do representante pulsional com um único sistema psíquico – o consciente.[19]

Supõe ainda que o recalque é um processo que ocorre em duas fases, sendo a primeira condição necessária para a segunda:

> Temos motivos suficientes para supor que há um recalque primordial, uma primeira fase do recalque, que consiste em negar a entrada no consciente ao representante psíquico (ideacional) da pulsão. Com isso, estabelece-se uma fixação; a partir de então, o representante em questão continua inalterado, e a pulsão permanece ligada a ele. Isso se deve às propriedades dos processos inconscientes (...).
>
> A segunda fase do recalque, o recalque propriamente dito, afeta os derivados mentais do representante recalcado, ou sucessões de pensamento que, originadas em outro lugar, entraram em ligação associativa com ele. Por causa dessa associação, essas ideias sofrem o mesmo destino daquilo que foi primordialmente recalcado (...) Além disso, é errado dar ênfase

19 Freud (1915). Repressão.

apenas à repulsão que atua a partir da direção do consciente sobre o que deve ser recalcado; igualmente importante é a atração exercida por aquilo que foi primordialmente repelido, principalmente aquilo com o qual ele possa estabelecer uma ligação. Provavelmente, a tendência no sentido do recalque falharia em seu propósito, se essas duas forças não cooperassem, se não existisse algo previamente recalcado pronto para receber o que é repelido pelo consciente.[20]

No artigo "O Estranho", de 1919, refere-se à existência de uma 'compulsão à repetição', que resulta em uma sensação de desamparo e estranheza, que nos impõe a ideia de algo fatídico e inevitável. Essa nova descoberta traz o germe que revolucionará novamente sua teoria das pulsões nos anos seguintes. Assim ele introduz o tema:

> (...) é possível reconhecer, na mente inconsciente, a predominância de uma 'compulsão à repetição', oriunda dos impulsos pulsionais e provavelmente inerente à própria natureza das pulsões – uma compulsão suficientemente poderosa para prevalecer sobre o Princípio do prazer, emprestando a certos aspectos da mente seu caráter demoníaco, e ainda mais claramente expressa nos impulsos das crianças pequenas; uma compulsão que é responsável, também, por uma parte do rumo tomado pelas análises dos pacientes neuróticos. Todas essas considerações nos preparam para a descoberta de que aquilo que nos lembra dessa íntima 'compulsão à repetição' é percebido como estranho.[21]

Essa 'compulsão à repetição' que aparece em "O Estranho" como fenômeno clínico, já em 1920, em "Além do princípio do prazer", Freud

---

[20] Ibidem, p. 153.

[21] Freud (1919). O Estranho, p. 256.

passa a atribuir-lhe características de uma pulsão: "As manifestações de uma compulsão à repetição (...) apresentam em alto grau um caráter pulsional e, quando agem em oposição ao Princípio do prazer, dão a aparência de alguma força 'demoníaca' em ação".[22]

Para justificar essa relação do pulsional com a compulsão à repetição, recorre ao que julgava ser, talvez, um atributo universal das pulsões: ser ela um impulso, inerente à vida orgânica, para restaurar um estado anterior de coisas que foi obrigada a abandonar por pressão de forças perturbadoras externas – uma espécie de elasticidade orgânica, uma inércia inerente à vida orgânica. Essa visão subverte a concepção anterior da pulsão como instigadora da mudança, do desenvolvimento. Ela agora é reconhecida como uma expressão da natureza conservadora da substância viva.[23]

Resume assim sua concepção sobre a natureza conservadora das pulsões:

> Suponhamos, então, que todas as pulsões orgânicas sejam conservadoras, que sejam adquiridas historicamente e que tendam a restaurar um estado de coisas anterior. Disto se segue que os fenômenos do desenvolvimento orgânico devem ser atribuídos a influências perturbadoras e desviantes externas. A entidade viva elementar, desde seu início, não teria desejo de mudar; se as condições permanecessem as mesmas, não faria mais do que repetir constantemente o mesmo curso de vida. (...) Qualquer modificação, assim imposta ao curso de vida do organismo, é aceita pelas pulsões orgânicas conservadoras e armazenada para ulterior repetição. (...) Se tomarmos como verdade que não conhece exceção o fato de que tudo que

---

[22] Freud (1920). Além do princípio de prazer, p. 46.

[23] Ibidem.

vive morre por razões internas, torna-se mais uma vez inorgânico, seremos então obrigados a dizer que 'o objetivo de toda vida é a morte', e, olhando novamente para trás, que 'as coisas inanimadas existiram antes das coisas vivas'.[24]

Portanto, mesmo as pulsões sexuais, às quais a teoria das neuroses confere um lugar totalmente especial, também são consideradas conservadoras a partir de então. E são, segundo ele, em grau ainda mais elevado, pois são peculiarmente resistentes às influências externas e, principalmente, porque preservam a própria vida – da espécie – no longo prazo.[25]

Freud reconhece ainda que a oposição original entre as pulsões do ego e as pulsões sexuais é inapropriada, até porque, como postulou em seu estudo sobre o Narcisismo[26], uma parte das pulsões do ego é libidinal e porque as pulsões sexuais (provavelmente ao lado de outras) operam no ego. Reconhece assim o caráter também libidinal das pulsões de autoconservação. A partir disso, aventura-se em reconhecer a pulsão sexual como Eros, o preservador de todas as coisas – a pulsão de vida, que atua contra o propósito das outras pulsões, que levam, devido à sua função, à morte.

Dessa forma, a pulsão sexual foi transformada em Eros, que busca reunir e manter juntas as partes da substância viva. Ele adverte que, para ser mais preciso, aquelas que normalmente eram chamadas de pulsões sexuais devem agora ser encaradas como a parte do Eros orientada para os objetos[27]. Daí em diante, o contraste entre as pulsões

---

[24] Ibidem, p. 48.

[25] Ibidem.

[26] Freud (1914). Sobre o narcisismo: uma introdução.

[27] Freud (1920). Além do princípio de prazer.

de autopreservação e a preservação da espécie, bem como o contraste entre o amor do ego e o amor objetal, incidem dentro de Eros.[28]

A visão predominantemente dualista da vida pulsional persiste, agora entendendo a oposição como ocorrendo não mais entre as pulsões do ego e as pulsões sexuais, mas entre as pulsões de vida e as pulsões de morte. Freud chega, inclusive, a afirmar que suas concepções, desde o início dualistas, são ainda mais definidamente dualistas do que antes: Eros opera desde o início da vida e aparece como uma "pulsão de vida", criada pela animação da substância inorgânica, em oposição à "pulsão de morte".[29]

Em suma, nesta fase final das concepções de Freud, apesar de reconhecer a existência, na prática, de um número indeterminado de pulsões, ele busca reconduzir essas múltiplas pulsões a algumas poucas e essenciais. Depois de grandes dúvidas e hesitações, ele decide conceber apenas duas pulsões fundamentais que, agindo uma contra a outra ou em combinação entre si, produzem toda a diversidade dos fenômenos da vida. Ele as nomeou *Eros* (ou Pulsão de vida) e *Thanatos* (ou Pulsão de Morte). O objetivo da primeira é produzir unidades cada vez maiores e, assim, preservá-las – em suma, a ligação. O objetivo da outra, ao contrário, é a dissolução das conexões e, assim, destruir as coisas – ou, ainda, seu objetivo final é levar o organismo vivo a um estado inorgânico.[30]

---

[28] Freud (1940 [1938]). Esboço de psicanálise.

[29] Freud (1920). Além do princípio de prazer.

[30] Freud (1940 [1938]). Esboço de psicanálise.

7 Cultura, religião e moral

Nietzsche e Freud trazem contribuições relevantes sobre as concepções de cultura, religião e moral. Em geral, elas se interceptam e se complementam, mas também apresentam importantes divergências, especialmente no que diz respeito à moral.

Em ambos há uma teoria da cultura: no primeiro, uma teoria da doença; no segundo, uma teoria do mal-estar na civilização. Tanto um como o outro perceberam que essa "doença" – ou esse "mal-estar" – estava natural e necessariamente conectado à "doença" (Nietzsche) ou à constituição subjetiva (Freud) de cada um. Por isso, em ambos, esse é um tema central.

Nietzsche, desde o início, partiu de uma teoria da cultura, passando por sua teoria da arte grega e sua crítica da modernidade. Freud, apesar de escrever tardiamente de maneira explícita – e em profundidade – sobre o "mal-estar na civilização", também aborda o tema desde o início da sua obra, quando associa a origem da neurose a um conflito com os valores instituídos pela cultura.

Nos dois, a abordagem da cultura está intimamente relacionada aos instintos, às pulsões. Trata-se do instinto – ou pulsão – e suas possibilidades ou não de satisfação na civilização.

Freud, por exemplo, observa:

Os historiadores da cultura parecem unânimes em supor que, mediante esse desvio das forças pulsionais sexuais das metas sexuais e por sua orientação para novas metas, num processo que merece o nome de sublimação, adquirem-se poderosos componentes para todas as realizações culturais. Acrescentaríamos, portanto, que o mesmo processo entra em jogo no desenvolvimento de cada indivíduo, e situaríamos seu início no período de latência sexual da infância.[1]

Ambos abordam a cultura em termos de "doença", como esse obstáculo crônico à satisfação instintiva, pulsional. A questão decisiva passou a ser: saber se, e em que medida, é possível reduzir a carga dos sacrifícios instintivos, ou pulsionais, impostos aos homens pela cultura, reconciliá-los com aqueles que necessariamente devem permanecer e fornecer-lhes uma compensação.

Em Freud, a ênfase foi deslocada ainda mais para o mental. Para ele, pelo fato de estar na cultura, o homem experimenta "um mal-estar permanente, indefinível e indefinido, que não permite um diagnóstico preciso ou um prognóstico consistente, a menos que produza sintomas finalmente dizíveis, finalmente falantes".[2] Em sua obra "O mal-estar na civilização", de 1930 [1929], chega a formular a seguinte proposição: " quando uma tendência instintiva experimenta a repressão, seus elementos libidinais são transformados em sintomas e seus componentes agressivos em sentimento de culpa" (p.141). Em outras palavras, o mal-estar na era moderna estava fundamentalmente no

---

[1] Freud (1905). Três Ensaios sobre a teoria da Sexualidade, p. 167.

[2] Pontalis apoud Di Matteo (2011).

âmbito da renúncia à sexualidade, manifestado em sintomas, e, especialmente, da renúncia à agressividade, manifestado como "sentimento inconsciente de culpa".

Na construção freudiana, o processo se dá mais ou menos assim: as experiências do Eu – que, em princípio, parecem estar perdidas na hereditariedade – quando repetidas com bastante frequência e intensidade suficiente em muitos indivíduos, em gerações sucessivas, transformam-se em experiências do Isso, cujas impressões são preservadas pela hereditariedade. Assim, no Isso, que é suscetível de ser herdado, resguardam-se os resíduos das existências de incontáveis Eu; e quando o Eu forma seu Supereu a partir do Isso, talvez esteja apenas revivendo e ressuscitando formas de antigos Eu.[3]

Mostra, assim, que a maneira como o Supereu surge explica como os conflitos primitivos do Eu com as catexias objetais do Isso podem ter continuidade em conflitos com seu herdeiro, o Supereu. Se o Eu não conseguiu dominar adequadamente o Complexo de Édipo, a catexia energética deste último, oriunda do Isso, atuará mais uma vez na formação reativa do Ideal do Eu. Freud defende que "o combate que outrora se operou nos estratos mais profundos da mente, e que não chegou ao fim devido à rápida sublimação e identificação, continua agora em uma região mais alta".[4]

A perspectiva de um Supereu – do qual a consciência moral tem clara derivação –, advindo de uma revivescência ou revivificação de antigos Eu, não contraria um dos pilares da teoria da cultura nietzschiana: os valores foram criados em algum momento e em algum lugar – surgem, transformam-se, desaparecem, dão origem a outros.

---

[3] Freud (1923). O ego e o id.

[4] Freud (1923). O ego e o id, p. 51.

Eles estão escritos na história e, portanto, podem ser questionados[5]. Ou seja, não são metafísicos.

No entanto, o processo para o filósofo tem outra dinâmica. Tomando seu Procedimento Genealógico para analisar a cultura de seu tempo (o mesmo de Freud), diferenciou duas morais – ou duas formas de avaliação – que, historicamente, competiram: a "Moral dos Nobres" e a "Moral dos Ressentidos". Constatou que são os critérios avaliativos destes últimos que estão na base da moral ocidental nos últimos dois milênios. Apesar de sua impotência e aparente incapacidade de criar valores, os ressentidos vencem. São eles que determinam as interpretações vigentes em nossa cultura, concluiu. Em suas palavras: "[...] a revolta dos escravos na moral – [...] tem dois mil anos de história por trás, e que hoje perdemos de vista, porque – foi vitoriosa"[6].

Por meio de sua análise genealógica, na Genealogia da Moral, Nietzsche argumenta que, principalmente através do cristianismo, ocorreu uma lenta e secular "rebelião escrava na moral", em que os valores "nobres" foram apropriados pelos "ressentidos" e invertidos, culminando numa "transvaloração judaico-cristã". Servindo-se até mesmo da filologia, explora como, historicamente, ocorreu essa "vitória dos ressentidos" na construção da moral ocidental.

Poder-se-ia erroneamente entender essa elaboração nietzschiana como uma simples imposição persistente da vontade – e dos interesses – de um grupo sobre outro e sobre o todo. Mas, como intuiu o filósofo e como confirmou Freud, essas dificuldades não são inerentes à natureza da própria civilização, mas determinadas pelas imperfeições das formas culturais que se desenvolveram até agora.

---

[5] Nietzsche. Genealogia da moral: uma Polêmica.

[6] Nietzsche. Genealogia da moral: uma Polêmica, p.23.

Além disso, como bem disse Paul-Laurent Assoun, para Nietzsche, "a cultura é mais do que uma decoração da vida". É preciso concebê-la como uma "nova natureza" – ou como uma "segunda natureza" –, como enfatizei no capítulo 5.

Mas, do ponto de vista subjetivo, o que poderia justificar essa "opção" do homem por valores culturais tão esmagadores de suas pulsões e desejos mais profundos?

Em "O mal-estar na civilização", Freud argumenta que "a cultura obedece a um impulso erótico interno que leva os seres humanos a se unirem em um grupo intimamente ligado, que só pode atingir seu objetivo através do fortalecimento crescente de um sentimento de culpa, que remonta à morte do pai primordial[7]. Assim, no desenvolvimento da sociedade humana, por meio da cultura, o aumento do sentimento de culpa é parte constitutiva e fundamental, chegando até a atingir níveis difíceis de serem tolerados pelos homens, sendo fonte estrutural de infelicidade.

Como vimos no capítulo 3, Freud reconhece o sentimento de culpa – que, em suas fases posteriores, coincide totalmente com o medo do Supereu – como o problema mais importante no desenvolvimento da cultura, que para avançar nos impõe uma perda de felicidade, na forma de um mal-estar inconsciente, resultante da insatisfação do sentimento de culpa.

É importante destacar que a questão do sentimento de culpa não foi ignorada por Nietzsche, como o próprio Freud reconhece em seu texto "Alguns tipos de caráter encontrados no trabalho psicanalítico": "a preexistência do sentimento de culpa e o uso de uma ação para

---

[7] Freud (1930 [1929]). O mal-estar na civilização, p. 135.

racionalizar esse sentimento cintilam diante de nós nas máximas de Zaratustra sobre o 'criminoso pálido'"[8].

Essa "frustração cultural", que domina o campo das relações sociais, foi justamente o alvo principal da proposta de Nietzsche de superação do homem na direção do Super-homem, por meio de uma transvaloração dos valores. Ir em direção ao Super-homem significa para ele a necessidade de superação de si mesmo, criando uma nova maneira de sentir, pensar e avaliar. Em "Assim Falou Zaratustra", resume:

> E assim falou Zaratustra ao Povo: Anuncio-vos o Super-homem.
> O homem é algo a ser superado. O que vocês fizeram para superar?
> Até agora todos os seres apresentaram alguma coisa superior a si mesmos; e vós quereis ser o refluxo desse grande fluxo, preferis voltar ao animal, em vez de superar o homem?[9]

Por mais utópico que possa parecer o anseio do filósofo pelo Super-homem, não difere muito do que, em última análise, Freud busca com sua Psicanálise – libertar o homem e a humanidade da "ilusão" e retomar sua difícil tarefa de assumir sua singularidade. Como Freud afirma em "O futuro de uma ilusão": "(...) não há dúvida de que o infantilismo está destinado a ser superado. Os homens não podem permanecer crianças para sempre; deve-se, finalmente, partir para a vida hostil"[10]. Como ele mesmo confessa, o único propósito de sua obra "O futuro de uma ilusão" é indicar a necessidade desse passo adiante.

---

[8] Freud (1916). Alguns Tipos de Caráter Encontrados no Trabalho Psicanalítico, p. 348.

[9] Nietzsche. Assim falou Zaratustra, p. 25.

[10] Freud (1927). O futuro de uma ilusão, p. 57.

Da mesma forma, tanto Nietzsche quanto Freud compreenderam a grande dificuldade (para todos) e, muitas vezes, impossibilidade (para muitos), dessa superação (alcançada por poucos), levando em conta os percalços do desenvolvimento humano sob as condições de sua espécie, no mundo da linguagem e enraizado na cultura. Mas ambos alimentaram uma semente de otimismo sobre essa possibilidade de libertação do homem – e até da humanidade.

Freud afirma em "Psicologia de Grupo e Análise do Eu": "Cada indivíduo compartilha numerosas mentes grupais – aquelas de sua raça, classe, credo, nacionalidade, etc. –, podendo também se elevar por cima delas, na medida em que possui um fragmento de independência e originalidade"[11]. E Nietzsche em "Assim Falou Zaratustra": "É preciso ainda ter o caos dentro de si, para poder dar à luz uma estrela dançante. Eu vos digo, ainda tendes o caos dentro de vós".[12]

E qual é o caminho da libertação? Para Nietzsche a transvaloração dos valores, tendo como único critério de avaliação a vida – a vida como vontade de poder. A transvaloração é uma tarefa interna de cada indivíduo, mas é também, por consequência, transformadora da cultura. Em "A Gaia Ciência", aponta o caminho: salvaguardar a liberdade interior e, ao mesmo tempo, impor-se uma rigorosa disciplina para desenvolver a cultura.

Já para Freud, parece haver um paradoxo insolúvel na relação agressividade-cultura-sentimento de culpa[13]. Se a cultura se constrói baseada na renúncia às pulsões, poder-se-ia pensar que é possível uma reordenação das relações humanas, que remova as fontes de insatisfação com a civilização, renunciando à coerção e à repressão das

[11] Freud (1921). Psicologia de grupo e a análise do eu, p. 139.

[12] Nietzsche. Assim falou Zaratustra, p. 29.

[13] Di Matteo (2011) Nietzsche y Freud: pensadores da modernidade.

pulsões? É no mínimo discutível se tal estado de coisas pode se tornar realidade, diz ele.

Argumenta: devemos levar em conta o fato de estarem presentes em todos os homens as tendências destrutivas e, portanto, antissociais e anticulturais, e que, em um grande número de pessoas, essas tendências são fortes o suficiente para determinar o comportamento delas na sociedade humana.[14]

Para o pai da psicanálise, porém, o prognóstico dessa patologia é incerto, mas não trágico. De acordo com a bela analogia entre um planeta que gira em torno de uma estrela sem abrir mão de sua própria rotação sobre si mesmo, não seria utópico sonhar com uma acomodação entre uma "ética da felicidade egoísta" e outra "altruísta", que satisfaça as necessidades de ambos – dos indivíduos e das demandas pragmáticas da cultura.[15]

Em "O mal-estar na civilização", afirma:

> [...] essa luta entre o indivíduo e a sociedade não constitui um derivado da contradição – provavelmente irreconciliável – entre os instintos primevos de Eros e da morte. Trata-se de uma luta dentro da economia da libido, comparável àquela referente à distribuição da libido entre o ego e os objetos, admitindo uma acomodação final no indivíduo, tal como, pode-se esperar, também o fará no futuro da civilização, por mais que atualmente essa civilização possa oprimir a vida do individuo.[16]

---

[14] Freud (1927). O futuro de uma ilusão.

[15] Di Matteo (2011) Nietzsche y Freud: pensadores da modernidade.

[16] Freud (1930 [1929]). O mal-estar na civilização, p. 143.

Além disso, em "O futuro de uma ilusão" (1927), Freud argumenta que, somente através da influência dos indivíduos que possam dar um exemplo e que sejam reconhecidos como líderes, as massas podem ser induzidas a fazer o trabalho e a suportar as renúncias das quais a existência depende. Acrescenta, ainda, que é necessário que esses líderes sejam "pessoas com uma compreensão interna superior das necessidades da vida, e que chegaram ao ponto de dominar seus próprios desejos pulsionais" (p. 17). Observe-se que o líder de Freud se aproxima do Super-homem de Nietzsche.

O líder de Freud e o Super-homem de Nietzsche têm outra característica em comum, e essencial em seus percursos: a resiliência. No caminho do líder de Freud, adverte-nos, há sempre o perigo de que ele ceda à massa mais do que ela a ele; parece, portanto, necessário que seja independente dela. Nietzsche adverte sobre a mesma questão: "Dez vezes por dia você deve saber vencer-se a si mesmo, isso gera uma fadiga considerável (...). Dez vezes por dia você deve reconciliar-se consigo mesmo, porque é amargo vencer a nós mesmos (...)"[17].

Em seus discursos sobre cultura, outro tema recorrente nas análises dos pensadores é a religião. Nietzsche assume uma posição mais radical – e contrária – sobre o valor da verdade das doutrinas religiosas. Freud, por sua vez, limita-se a reconhecê-la como sendo, em sua natureza psicológica, ilusões.

Freud, ao contrário de Nietzsche, entende que a religião prestou grandes serviços à civilização humana, contribuindo muito para domar os instintos antissociais. Mas não o suficiente. Finalmente, ele argumenta que, mesmo após milhares de anos de seu domínio, um número assustadoramente grande de pessoas continuam insatisfeitas e infelizes com a civilização. Adverte, ainda, que é duvidoso que os

[17] Nietzsche. Assim falou Zaratustra, p. 39.

homens tenham sido, em geral, mais felizes na época em que as doutrinas religiosas tiveram influência irrestrita[18].

Não vê, porém, o cristianismo como a principal fonte dos males da modernidade, pelo menos não na mesma medida que Nietzsche. O que Freud mais lamenta é a dimensão do delírio paranóico da religião, na medida em que é considerada "a" única forma válida de enfrentar a dureza da vida e a "tríplice fonte de sofrimento", a que Freud se refere em "O mal-estar na civilização". Além disso, assim como Nietzsche, ele acredita que a religião deprecia o valor da vida, pois mantém seus seguidores num estado de "infantilismo psicológico" e os arrasta para o delírio coletivo, embora consiga salvar muitas pessoas de uma neurose individual[19].

Assim, no final das contas, considerando as conquistas da religião no que diz respeito à felicidade do homem, à suscetibilidade à cultura e ao controle moral, Freud se aproxima de Nietzsche. Questiona se não estamos superestimando sua necessidade para a humanidade e se estamos certos em basear nela nossas exigências culturais.[20]

Nietzsche, por sua vez, não deixa margem para dúvidas em sua construção – é imperativo suprimir a religião, e todo o mundo transcendente. Para ele, a "Morte de Deus" é essencial para que se crie um novo solo sobre o qual engendrar novos valores.

Em "O crepúsculo dos ídolos", no capítulo "A moral como manifestação contra a natureza", diz Nietzsche:

---

[18] Freud (1927). O futuro de uma ilusão.

[19] Ibidem.

[20] Ibidem.

> [...] A Igreja combate as paixões através do método da extirpação radical; seu sistema, seu tratamento, é a castração. Não se pergunta jamais: como se espiritualiza, embeleza, diviniza um desejo? Em todas as épocas o peso da disciplina foi posto a serviço do extermínio (da sensualidade, do orgulho, do desejo de dominar, de possuir, de vingar-se). Mas atacar a paixão na sua raiz é atacar a raiz da vida; o processo da Igreja é nocivo à vida.[21]

Acrescenta ainda, no mesmo texto:

> A moral antinatural, isto é, toda moral ensinada, venerada e predicada até agora, se dirige, ao contrário, contra os instintos vitais e é uma condenação já secreta, já ruidosa e descarada desses instintos. Quando se diz "Deus vê dentro dos corações", diz-se não às aspirações internas e superiores da vida e considera-se Deus inimigo da vida. O santo que agrada a Deus é o castrado ideal. A vida finda ali onde se inicia o *reino de Deus*.[22]

Já Freud, apesar de ser mais compassivo em sua crítica à religião, defende que "constituiria uma vantagem indubitável se abandonássemos Deus por completo e admitíssemos com honestidade a origem puramente humana de todos os regulamentos e preceitos da civilização. Junto com sua pretensa santidade, esses mandamentos e leis perderiam também sua rigidez e imutabilidade"[23]. Perdê-las, acrescenta, constituiria um importante avanço no caminho que leva à reconciliação com o fardo da civilização.

---

[21] Nietzsche. Crepúsculo do Ídolos, pp. 39-40.

[22] Nietzsche. Crepúsculo do Ídolos, pp. 42-43.

[23] Freud (1927). O futuro de uma ilusão, p. 50.

Quando traz à tona o mito do Pai da Horda, oferece outra perspectiva sobre o papel da religião na origem das proibições morais. Argumenta que o pai primitivo constituiu a imagem original de Deus, um modelo para as gerações posteriores o idealizarem. Assim, de certa forma, Deus realmente teria desempenhado um papel decisivo na gênese de muitas de nossas proibições morais. Defende que, especialmente em relação ao "não matarás", foi sua influência – e não uma compreensão interna (*insight*) da necessidade social – que a criou.

Freud entende que o deslocamento da vontade do homem para Deus é plenamente justificado, pois os homens sabiam que haviam se libertado do pai por meio da violência e, em sua reação a esse ato ímpio, resolveram, daí em diante, respeitar sua vontade. Por isso, afirma que a doutrina religiosa relata-nos a verdade histórica – sujeita, é claro, a significativos disfarces e modificações. Vê no fluxo das ideias religiosas não apenas realizações de desejos, mas também importantes reminiscências históricas. A religião seria a neurose obsessiva universal da humanidade; tal como a neurose obsessiva das crianças, ela surgiu do Complexo de Édipo, da relação com o pai.[24]

Apesar do reconhecimento do valor histórico de certas doutrinas, mantém a posição de que elas devem deixar de ser apresentadas como os motivos para os preceitos da cultura, encarando-as como "relíquias neuróticas", cujo afastamento se dará com a fatal inevitabilidade de um processo de crescimento, reconciliando os homens com a civilização.

Se a religião é para Nietzsche e para Freud um espaço de ilusão, o futuro da civilização consiste em superá-la, de duas maneiras muito diferentes: para o filósofo, pela arte; para o pai da psicanálise, por meio da ciência. Além disso, onde o primeiro diagnostica a "decadência" e

---

[24] Ibidem.

apela à reação sadia do instinto, o segundo diagnostica os efeitos da pulsão de morte que as pulsões de vida poderiam superar.[25]

Em suma, ambos parecem abrigar a remota esperança de que, quando os homens deixarem de lado suas expectativas em relação à metafísica e concentrarem todas as suas energias em sua vida na terra, provavelmente chegarão a um estado de coisas em que a vida se tornará tolerável para todos e a civilização não será mais opressora para ninguém.

Não obstante, em contrapartida, ambos garantem que o intelecto do homem não tem poder sobre sua vida pulsional. Nas palavras de Freud, "o homem não é senhor em sua própria casa". Nas de Nietzsche, "no querer já estão embutidos o sentir e o pensar".

Freud acredita, no entanto, ser possível ao trabalho científico alcançar um certo conhecimento da realidade do mundo, conhecimento mediante o qual nosso poder pode ser aumentado e de acordo com o qual podemos organizar nossa vida. Argumenta que a voz do intelecto é suave, mas não descansa até conseguir audiência e, após uma sucessão incontável de contratempos, atinge o sucesso. Apesar disso, reconhece que a primazia do intelecto deve ocorrer em um futuro infinitamente distante.[26]

Nietzsche, por sua vez, não vê na ciência o mesmo potencial transformador. Entende que a ciência, assim como a religião e a metafísica, é guiada por uma vontade de verdade. E, para ele, a própria verdade também encontra sua raiz no mundo transcendente.[27]

Mas vale a pena notar que a crença de Freud no trabalho científico tem seus limites muito claros. Em "O mal-estar na civilização", ao

---

[25] Assoun (1991). Freud y Nietzsche: semelhanças e dessemelhanças.

[26] Freud (1927). O futuro de uma ilusão.

[27] Marton (1993). Nietzsche: a transvaloração dos valores.

considerar o quanto fracassamos em fazer com que as regulamentações por nós estabelecidas nos forneçam proteção e benefício a cada um de nós – sendo, ao contrário, nossa fonte social de sofrimento –, levanta a suspeita de que "também aqui é possível haver, por trás desse fato, uma parcela de natureza inconquistável – desta vez, uma parcela de nossa própria constituição psíquica".[28]

Ambos são taxativos, em suma, ao declarar que o estado de nossa cultura é falho – ela é inadequada às nossas exigências de um projeto de vida que nos torne felizes; é uma fonte inesgotável de sofrimento, que provavelmente poderia ser evitado. Acreditam, no entanto, que possamos gradativamente efetuar alterações na civilização de tal forma que ela satisfaça melhor nossas necessidades e anseios. Mas, no "mal-estar na civilização", Freud adverte: existem dificuldades ligadas à natureza da civilização que não se submeterão a qualquer tentativa de reforma.

Por fim, a dimensão da moral é talvez uma das áreas mais férteis a explorar no confronto das teorias da cultura de Nietzsche e de Freud. A atitude geral e pessoal de Freud em relação à moral é, paradoxalmente, sua negativa de colocar a moral como um problema. Nietzsche tem, assim, uma vantagem ímpar sobre os psicanalistas: ter feito de seu procedimento genealógico uma prática de avaliação crítica de valores morais.

Como aponta Paul-Laurent Assoun, a moral para Freud é o natural: "as tendências morais da humanidade, cuja força e importância seria inútil questionar, constituem uma aquisição da história humana e formam, num grau lamentavelmente muito variável, o legado

[28] Freud (1930 [1929]). O mal-estar na civilização, p. 93.

hereditário dos homens de hoje".[29] Freud demonstra essa mesma atitude, por exemplo, em uma carta a Putnan, datada em 8 de julho de 1915: "o moral sempre se compreende por si mesmo".

Assim, para ele, a crítica da moral não é nem o essencial, nem o novo, nem tarefa do psicanalista. Mas para Nietzsche, pelo contrário, acabou por ser a nova e essencial tarefa. Há uma diferença radical de pontos de vista.

Para o filósofo, a moral é o oposto de um dado pacífico e autônomo. Acredita que a verdadeira negação da moral consiste em uma crítica da moral, da qual o moralista, para quem a moral é o problema, é o autêntico instrumento. A moral é, portanto, contrária ao sentido freudiano da "Lei", o menos natural.[30]

No entanto, na prática, Nietzsche e Freud encontram e teorizam, cada um dentro de sua própria perspectiva, mecanismos homólogos. Por um lado, é como se Nietzsche teorizasse a neurose no sentido freudiano como moralidade, e como se Freud diagnosticasse um conflito de moralidade de inspiração nietzschiana como neurótico. A neurose traduz, na verdade, conflito com o proibido, de modo que o neurótico se explica, fundamentalmente, com a moral, que emana do conflito original, de caráter edipiano.[31]

Assim, trazer mais de Nietzsche e de seu procedimento genealógico para o campo psicanalítico pode ter importantes consequências não apenas no nível teórico, mas também no nível clínico, em particular, a de saber que tipo de homem queremos ajudar a construir: se ele é um criador de valores ou aquele que simplesmente os reproduz.

---

[29] Assoun (1991). Freud y Nietzsche: semelhanças e dessemelhanças, p. 253.

[30] Ibidem.

[31] Ibidem.

8 Mais Nietzsche na Psicanálise!

A hipótese central deste trabalho é que trazer mais de Nietzsche para o campo psicanalítico pode ter consequências importantes não apenas no nível teórico, mas também no clínico. O objetivo principal deste capítulo é explorar o confronto e a articulação de elementos-chave das obras de Nietzsche e de Freud, discutidas nos capítulos anteriores, analisando suas interseções, diferenças e complementaridades, buscando trazer possíveis contribuições para a teoria e a clínica psicanalíticas.

A intenção não é questionar a validade dos construtos teóricos e achados clínicos freudianos, mas desenvolver uma perspectiva mais ampla deles, sempre que possível. O que se almeja, ao final de contas, é apontar e explorar sua complexidade e, por sua vez, enriquecer o estudo da psicanálise e criar oportunidades para que sejam realizados novos postulados teóricos, e para contribuir com a progressiva expansão da formação do analista.

A exploração do diálogo das duas obras apontou que, partindo de um terreno comum, o inconsciente, os dois pensadores seguem caminhos que se cruzam e se complementam – mas também diferem – em muitos pontos. Em especial, destaca-se o papel basilar e fundador que ambos atribuem à pulsão – ou instinto – e à cultura na constituição da estrutura subjetiva do homem, condicionando suas possibilidades de desenvolvimento e também de felicidade.

Cada um avalia esses fenômenos e teoriza sobre eles a partir de um ponto de vista diferente, cada um mostra uma das facetas da totalidade da realidade estudada. Nessa perspectiva, se explora a seguir o confronto de suas construções teóricas sobre o inconsciente, aparelho psíquico, sujeito, pulsão, cultura, religião e moral, que parecem pontos de articulação importantes e promissores para tentar extrair lições e contribuições para a teoria e a clínica psicanalíticas.

Inconsciente

As concepções de inconsciente em Nietzsche e no pensamento inicial de Freud mostram grande semelhança. Para ambos, o inconsciente significava uma experiência privada de representação verbal, enquanto a consciência representava essencialmente linguagem. Como mostra o capítulo 4, Nietzsche entende o inconsciente como um lugar de vivência inusitada, rara, indizível e irrepresentável pela vulgaridade do verbo. O mesmo ocorreu na concepção inicial de Freud, expressa no Projeto de 1895, que o define como o lugar das representações-coisa, incapazes de assumir uma identidade nominal, representadas de forma múltipla nas diversas redes associativas.

No entanto, levando em conta a concepção posterior de Freud, especialmente após 1910, há um aspecto ligado ao papel e à primazia do Complexo de Édipo na formação do inconsciente que se afasta da concepção nietzschiana. Na freudiana, todos os desejos começam a encontrar um denominador comum: o triângulo edipiano. Associa o inconsciente ao aspecto proibido, da sexualidade moralmente condenada, capaz de gerar angústia suficiente para expulsar sua representação da consciência. Isso não aparece em Nietzsche, em momento algum.

Não é que a teoria freudiana defenda que as forças motrizes do recalque devam ser exclusivamente sexualizadas. Freud lembra repetidamente em sua obra que a herança arcaica do homem forma o núcleo da mente inconsciente. Sempre que "alguma parte dessa herança não serve ou é incompatível com o que é novo e prejudicial a ela, aparece uma vítima do processo de recalque".[1] No entanto, segundo ele, essa seleção é mais bem-sucedida com o grupo de impulsos sexuais.

É isso que leva Freud a acreditar que a força motivadora na formação dos sintomas neuróticos vem da sexualidade infantil recalcada, expulsa da consciência, e que, portanto, o Complexo de Édipo é o complexo nuclear das neuroses – e do inconsciente.

Nas palavras de Freud:

> Devido a circunstâncias particulares que com frequência têm sido apontadas, o segundo grupo, o dos instintos sexuais, é capaz de derrotar as intenções do recalque e forçar sua representação através de formações substitutivas de caráter perturbador. Por isso, a sexualidade infantil, que permanece reprimida, atua como principal motor motivador na formação de sintomas; e a parte essencial de seu conteúdo, o Complexo de Édipo, é o complexo nuclear das neuroses.[2]

Quanto a Nietzsche, a codificação da subjetividade por intermédio da família – mediante formas e valores que compõem a família tradicional – não reina sozinha, nem é imperativa. Para o filósofo, não

---

[1] Freud (1919). Uma criança é espancada, p. 218.

[2] Ibidem, p. 218.

há roteiro edipiano original, um momento específico e dramático no qual, sob a figura do Pai, o desejo e a "Lei" se enfrentam. Nietzsche observa apenas dois estados para o homem: o da saúde, indiferente à Lei e seus significados (culpa), e o da doença, do desejo infectado.[3]

Deve-se considerar que o contexto da teorização freudiana foi uma sociedade represiva, baseada na família tradicional e na proibição do gozo. A época em que Freud teorizou e defendeu fortemente essa primazia do Complexo de Édipo na formação do inconsciente é, portanto, bem diferente da atual, que pode ser adequadamente caracterizada pelo que o filósofo Gilles Lipovetsky chamou de sociedade pós-moralista, no sentido de que colocaria em jogo um crepúsculo do dever.[4] Talvez possamos ver esse contexto de maneira ainda mais radical, como argumenta o filósofo esloveno Slavoj Zizek, de que não há apenas uma ausência de dever, mas uma nova qualidade de dever: desfrutar tornou-se uma obrigação moral.[5]

Novo contexto, novos sintomas: depressão, bulimia, anorexia, novos tipos de vícios, hiperatividade, etc. E, como apontam vários pesquisadores e psicanalistas atuais, parece cada vez mais claro que esses sintomas estão vinculados ao declínio da função paterna.

Talvez por isso, como defende o professor Di Matteo, a resistência à psicanálise hoje não ocorra por ser uma "ciência jovem" como no tempo de Freud, mas porque envelheceu, na medida em que pensa no indivíduo e em seu mal-estar numa sociedade monogâmica, tradicional,

---

[3] Assoun (1991). Freud y Nietzsche: semelhanças e dessemelhanças.

[4] Lipovetsky (2005) A sociedade pós-moralista.

[5] Zizek (2008). A visão em paralaxe.

diferente da nossa, que conta com novas formas de laços sociais muito mais diversificados e flexíveis.[6]

Nessa perspectiva, acredito que levar a concepção nietzschiana do inconsciente para o universo da teoria psicanalítica pode significar uma promissora contribuição a ser explorada, em termos da sua visão mais ampla do inconsciente, que não está ligada a uma primazia absoluta do Complexo de Édipo, reduzindo daí a ênfase na codificação da subjetividade através dos valores da família tradicional.

Para Nietzsche, conforme discutido no capítulo 4, o inconsciente é mais amplo, inusual, imprevisível. Há um movimento vertiginoso de forças inconscientes no qual se desenrola a pugna entre desejos, motivações, interesses, sentimentos, muitos deles indecifráveis, intraduzíveis. O que se observa é uma mistura de sensações e imagens, a partir da qual a consciência compõe, com a ajuda da fantasia, um esboço aproximado do que acontece involuntariamente.

Em suas palavras:

> "Realizamos inúmeros movimentos particulares dos quais nada sabemos de antemão [...] Nego que esses movimentos sejam produzidos por nossa vontade; eles acontecem e permanecem desconhecidos para nós – seu processo só podemos entender em símbolos (do sentido do tato, da audição, da visão das cores) e em fragmentos e momentos particulares – sua essência, assim como seu curso ininterrupto, nos são estranhos. Talvez a fantasia oponha ao curso e à essência reais algo, uma invenção, que estamos acostumados a tomar por essência".[7]

---

[6] Di Matteo (2011) Nietzsche y Freud: pensadores da modernidade.

[7] Nietzsche apud Molina (2017), p.110.

Chega a afirmar que a imagem que aparece, em sua maior proporção, "não é uma impressão dos sentidos, mas um produto da fantasia". A montagem é uma construção simbólica, ou linguagem conceitual, mas esta e a consciência são uma só, e mesma coisa. Para o filósofo, linguagem e consciência coincidem. Argumenta que é impossível abandonar o espaço da representação, que é o espaço da consciência, mas seria possível expandi-lo, a partir do momento em que se produz a abertura da obstrução pela estrutura gramatical que fixou a configuração dessa consciência.[8]

Mas, valorizar essa noção mais ampla do inconsciente não significa negar as questões de transmissão dos códigos familiares, nem ignorar o papel nuclear desempenhado pela família e pela sexualidade infantil. O destacado aqui é o que pode acrescentar à teoria psicanalítica uma perspectiva mais ampla da vida inconsciente como aquela manifestação das "forças que cruzam o corpo", defendida por Nietzsche. A hipótese, ou esperança, é que essa ampliação de perspectiva nos permita explorar e fazer florescer o inusitado presente no inconsciente, muitas vezes contrário ao estabelecido.

Aparelho psíquico e sujeito

Para desenvolver suas teorias, tanto Nietzsche quanto Freud ensaiam seus marcos de referência das instâncias psíquicas do sujeito e apresentam seus próprios modelos do aparelho psíquico humano. Conforme apresentado no Capítulo 4, seus modelos revelam grandes semelhanças, mas também diferenças importantes.

---

[8] Molina (2017). El cuerpo y el devenir de las fuerzas en Nietzsche.

Em Nietzsche, o Si-mesmo e o Eu formam um par análogo ao par freudiano Isso-Eu (Id-Ego), mas se referem a uma realidade indiscutivelmente diferente. Para o filósofo, o Si-mesmo é imperativo. Deve-se querer um Si-mesmo. O Si-mesmo e o corpo se confundem. E o corpo é a "Grande Razão". A sabedoria do Eu, portanto, é reconhecer seu verdadeiro mestre, o Corpo/Si-mesmo. Já em Freud, apesar de reconhecer o imperativo do "Isso", ele entende como função essencial do aparelho mental subjugar os impulsos instintivos que colidem com ele, com o objetivo de substituir o processo primário que predomina no Isso – no inconsciente – pelo processo secundário. Em outras palavras, escolhe o caminho "*Wo Es war, soll Ich werden*".

Mas a diferença mais notável e significativa, conceitual e operacionalmente, entre os dois modelos é que, em Nietzsche, o Eu forma um par exclusivo com o Si-mesmo, ao passo que, no modelo freudiano, como vimos no capítulo 3, opera uma terceira instância psíquica, o Supereu, que exerce forte domínio sobre o Eu. Na estrutura nietzschiana, poderíamos inferir que o Supereu seria apenas uma doença, uma infecção da sabedoria do Corpo. Seria mais um sintoma patológico do que uma instância psíquica. Essa é uma divergência essencial entre as duas concepções.

Na versão nietzschiana do aparelho psíquico, o Supereu, em vez de ser uma instância psíquica, seria visto como um sintoma, "algo mórbido" que o filósofo encontra no fundamento da moralidade, fruto do desenvolvimento histórico dos valores "ressentidos" e antinaturais no homem moderno, como apresentado no capítulo 2.

Não em vão, portanto, diversos autores, como Ernest Jones, Fritz Wittels, Hans Loewald, Alexander Nehamas, Richard Simon, Marcia

Cavell e Lorin Anderson, observaram uma forte semelhança entre a "má consciência" nietzschiana e o Supereu freudiano.[9]

Nietzsche, porém, não entende o produto dessa "má consciência" como uma instância psíquica, mas como uma patologia a ser superada. Nos postulados da "Genealogia da Moral", afirma:

> Vejo a má consciência como a profunda doença que o homem teve de contrair sob a pressão das mudanças mais radicais que experimentou, a mudança que veio quando se viu definitivamente encerrado no âmbito da sociedade e da paz. [...] Todos os instintos que não são descarregados se voltam para dentro, é o que chamo de interiorização do homem. [...] Hostilidade, crueldade, prazer na perseguição, no assalto, na mudança, na destruição, tudo isso é dirigido contra aqueles que possuem tais instintos: esta é a origem da má consciência.[10]

No mesmo trabalho, acrescenta:

> Com ela [a má consciência], porém, foi introduzida a maior e mais sinistra doença, da qual a humanidade ainda não foi curada, o sofrimento do homem com o homem, consigo mesmo: como resultado de uma separação violenta de seu passado animal, [...] resultado de uma declaração de guerra contra os velhos instintos nos que até então se baseavam sua força, seu prazer e o medo que inspirava [...].[11]

---

[9] Itaparica, A. L. M. (2012). Cadernos Nietzsche 30, 2012.

[10] Nietzsche. Genealogia da moral: uma Polêmica, p. 67/68).

[11] Ibidem, p. 68.

Assim, a "má consciência" conceituada por Nietzsche não é simplesmente uma "consciência moral", mas uma forma mais primitiva dela. Deve ser entendida como o sentimento de culpa em seu "estado bruto", uma espécie de "má consciência animal". Origina-se de uma internalização dos impulsos agressivos no processo de desenvolvimento da espécie humana.[12]

Na "Genealogia da Moral", Nietzsche postula que, ao longo de dois mil anos, o cristianismo aproveitou-se dessa "má consciência animal" – a agressividade interiorizada – para promover o surgimento do "homem ressentido", para empreender a vitória da moral "do fraco", "do escravo", "do ressentido". Com o triunfo dessa "moral ressentida", o homem começa a se sentir culpado por seu próprio sofrimento e a considerar suas ações e pensamentos sujeitos a punição.

O resultado desse processo é, de fato, semelhante ao surgimento do Supereu freudiano no processo ontológico de desenvolvimento psíquico do sujeito. A consequência é a mesma: o homem se torna seu próprio carrasco. E sofre por isso!

Não obstante, na perspectiva nietzschiana, esse não é um processo natural, mas histórico, que cria e introjeta no "homem ressentido" valores adversos à vida, entendida como Vontade de poder. Como históricos, criados pelo homem, esses valores podem ser alterados, "transmutados" em favor da vida e da saúde do animal-homem. Ou seja, não há, como em Freud, a necessária criação e manutenção de uma instância psíquica opressora do Eu como parte do desenvolvimento normal do sujeito.

Para Nietzsche, qualquer que seja a moral, afirmativa ou negativa da vida, é produto de um tratamento dessa "má consciência animal primitiva". Esse tratamento, no entanto, pode levar à recuperação da

---

[12] Itaparica (2012). Cadernos Nietzsche 30, 2012.

saúde ou à manutenção – e até mesmo à intensificação – da "doença" no animal-homem. Por isso, na perspectiva nietzschiana, apesar de se reconhecer o mal-estar a que está sujeito o homem imerso na cultura, ao contrário da visão freudiana, admite-se a possibilidade de retornar a uma "consciência afirmativa", aquela dos homens fortes e não ressentidos, livres de culpa, da má consciência, do mal-estar. Ou seja, o Super-homem, aquele que exibe um novo regime de instintos, que favorece a "saúde".

No entanto, reconhece que esse é um objetivo difícil de alcançar: "Nunca houve um Super-homem. Já vi todos os homens nus, os maiores e os menores. Eles ainda parecem muito um com o outro: mesmo o maior era demasiadamente humano." Por outro lado, defende que esta é a principal tarefa: "Viva o Super-homem!".[13]

Freud, após distinguir um "Ideal do Eu", e mesmo um "Eu Ideal", no processo de desenvolvimento do aparelho psíquico, ao final, optou por identificá-los com uma instância crítica única ou "consciência moral", o Supereu. Ao contrário, Nietzsche imagina algo semelhante a um "ideal", mas não o entende como uma instância psíquica repressiva, mas como uma meta, não a ser alcançada, mas para guiar o homem em direção ao Super-homem, em direção à recuperação de sua "saúde".

Assim, trazer o modelo nietzschiano do aparelho psíquico como alternativa aos psicanalistas os convida a repensar o problema da moralidade no campo da psicanálise. Os instiga a trabalhar ativamente sobre o caráter "bom" ou "mau" da vontade, do qual provém a questão da culpa, ignorando a visão pessimista de Freud sobre as possibilidades de evolução do animal-homem para o retorno à saúde do Corpo, do "Si-mesmo", assim defendido por Nietzsche. Na última parte deste

[13] Nietzsche. Assim falou Zaratustra, p. 88/89 y p. 79.

capítulo, é abordada mais detalhadamente a questão da moral em Nietzsche e em Freud.

Outro aspecto em que a perspectiva nietzschiana pode contribuir para ampliar os horizontes da psicanálise é a própria concepção de sujeito. Como apontado no capítulo 4, tanto Freud quanto Nietzsche são críticos da ideia de "sujeito" como um substrato consciente. No entanto, o filósofo, baseando sua crítica na ilusão substancialista do "sujeito", vai além, entende o "sujeito" como uma ficção criada por nós mesmos, segundo a qual muitos estados semelhantes, em nós, são efeitos de um mesmo substrato. Ou seja, para Nietzsche, o "sujeito" é uma palavra e uma pluralidade.

Uma palavra porque colocamos uma palavra onde começa nossa ignorância, onde não podemos ver mais longe. Uma pluralidade de sujeitos é o que realmente vive em nosso Corpo, não um "sujeito" transparente e unitário. O Corpo é a sede onde se articulam uma pluralidade de forças, que logo foram então interpretadas de forma simplificada e unitária com os nomes de sujeito, alma e vontade.

Defende que essa pluralidade do "sujeito" não pode ser negligenciada. Nela o efeito é sempre "inconsciente"; a causa descoberta e representada é projetada, é subsequente no tempo. A única força que existe é do mesmo tipo que o da Vontade: um comandar outros sujeitos, que a partir daí se transformam. Há uma contínua transitoriedade do sujeito.

Pode ser proveitoso para os psicanalistas ter uma abertura a essa interpretação alternativa: pode não ser necessária a suposição de um "sujeito" (unitário); é igualmente legítimo supor uma pluralidade de sujeitos cujo jogo e luta conjuntos se encontram na base de nosso pensamento e, em geral, de nossa consciência. Ou seja, estar abertos à hipótese do sujeito como pluralidade. Aceitar essa hipótese significa expandir para uma compreensão do "sujeito" como marcado pela "transitoriedade e fugacidade".

Pulsão

O conceito de *Trieb* (ou *Instinkt*) é fundante, central, utilitário e funcional tanto na teoria freudiana quanto na nietzschiana. Nietzsche e Freud avançam significativamente num saber do instinto, da pulsão. Por isso, é um ponto privilegiado de articulação das duas obras. Promovendo um confronto entre as duas teorizações das pulsões, percebe-se que há uma grande semelhança em sua importância, princípios e características, mas também permite distinguir diferenças marcantes.

Para ambos, a atividade pulsional, inerente à vida, é incessante. A pulsão é uma força constante, nunca um impacto momentâneo. Nenhuma ação de fuga prevalece contra ela, não há como fugir dela. Atua como uma necessidade, que só é eliminada pela "satisfação". Como disse Nietzsche – e Freud ratificou –, não está em nosso poder tentar combater a violência de um instinto.

Apesar de reconhecer as semelhanças e as convergências, o que fornece terreno fértil para aportar à psicanálise contribuições da concepção nietzschiana do instinto é explorar as diferenças e as complementaridades. Assim, ao contrastar os capítulos 5 e 6, que discutem as teorias pulsionais dos dois pensadores, esta seção busca destacar e trazer para o debate alguns dos principais pontos de divergência e complementaridade das duas teorizações, especulando possíveis contribuições da teoria nietzschiana à psicanálise.

Uma primeira diferença é que, para Nietzsche, há uma diversidade heterogênea e conflitante de instintos, cada um pressionando para um lado, remetendo a unidade à categoria de aparência. A realidade, para ele, é atribuída a essa pluralidade efervescente de instintos. Toda atividade humana, aparentemente unitária, acaba sendo um mar de instintos unidos, agrupados, mas sem se fusionar. Para Nietzsche, a aparência unitária serve para encobrir uma complexa combinação de instintos mantidos juntos pela força.

Em outras palavras, em Nietzsche, há um estado de guerra que os instintos elementares são obrigados a declarar para coexistir. Assim, o *status* de verdade atribuído a uma ideia advém do instinto vencedor, que é o que transmite a força a uma crença e a sedimenta. Cada pensamento, cada sentimento, cada vontade, não nasce de um instinto determinado, mas é um estado total, uma superfície inteira da consciência inteira, e resulta da momentânea comprovação do poder de todos os instintos que nos constituem.

Essa perspectiva contrasta com a visão essencialmente dualista e fusional de Freud, que postula uma realidade pulsional composta por pares de pulsões primordiais fusionados. Em um primeiro momento, as pulsões do ego ou de autopreservação e as pulsões sexuais. Trabalhava então com a hipótese de que as patologias psíquicas, de alguma forma e com grande frequência, vinham da intolerável contradição entre os interesses desses dois grupos de pulsões, que ele entendia como regulados pelo Princípio do prazer/Princípio da realidade.

Esses dois grupos de pulsões foram abandonados por Freud como instrumento de trabalho alguns anos depois, substituídos pelo par pulsões de vida e pulsões de morte. No entanto, a visão predominantemente dualista da vida pulsional persiste. Assim, apesar de reconhecer a existência, na prática, de um número indeterminado de pulsões, procura redirecionar essas múltiplas pulsões para umas poucas e essenciais. No final, concebe apenas duas pulsões fundamentais que, agindo uma contra a outra ou em combinação entre si, produzem toda a diversidade dos fenômenos da vida.

Sobre esse primeiro ponto de divergência entre as duas teorias, o que pode ser entendido então como um possível caminho que pode ajudar a ampliar a perspectiva da psicanálise? O que Nietzsche nos traz é o chamado a um exercício de superação do modo de pensar a partir da simplificação provocada pelas antíteses, que seguem um esforço de redução da complexidade da realidade, por meio das ficções lógicas forjadas pela razão. O procedimento genealógico do filosofar histórico de Nietzsche busca refinar um pensamento perspectivista que amplie e enriqueça nossa compreensão dessa realidade. Essa pode ser uma forma promissora de superar a lógica relativamente simplista do pensamento por meio de antíteses, abrindo espaços para avanços na teoria psicanalítica das pulsões.

Outra diferença marcante é que, para o filósofo, os instintos não são autossuficientes, precisam de algo além que os "satisfaça, ative, exercite, conforte, descarregue". Eles precisam ser nutridos. Mas essa nutrição é uma obra do acaso. É o aleatório das vivências e experiências de cada dia, da cotidianidade da vida. Esse acaso é o que se interpõe entre os desejos e as necessidades dos instintos e suas respectivas satisfações. Por esse motivo, os instintos – e "suas vivências" – são inseparáveis do acaso da vida cotidiana. Eles fazem parte da nossa interioridade (do "Si-mesmo"), mas também são inseparáveis de tudo que os cerca.

Em outras palavras, eles são "uma magnitude variável" dependendo do efeito que produzem os diversos acontecimentos que configuram as circunstâncias e experiências cotidianas. São as circunstâncias que nos mostram e nos ocultam, sucesivamente, nossas forças. Essas mesmas circunstâncias as aumentam ou as diminuem. Em Nietzsche há, portanto, uma dissolução da dicotomia entre a exterioridade e a interioridade em relação às nossas forças e instintos.

As leis de nutrição de nossos instintos são completamente desconhecidas para nós. Essa nutrição é obra do acaso: "os acontecimentos cotidianos de nossa vida lançam sua presa ora a esse instinto, ora àquele; ele os toma avidamente, mas o vaivém desses acontecimentos se encontra fora de toda correlação racional com as necessidades nutritivas do conjunto dos instintos".[14] Desse ponto de vista, Nietzsche postula que "todas as nossas experiências são alimentos, mas semeadas por uma mão cega que ignora quem está com fome e quem já está farto".[15]

Para Freud, pelo contrário, a concepção da pulsão seguiu um caminho cada vez mais desvinculado da interação com o mundo exterior, e mais ainda da vida cotidiana. Já em 1905, quando começa a trabalhar explicitamente o conceito de pulsão, nos "Três ensaios sobre a teoria da Sexualidade", propõe afrouxar ainda mais o vínculo entre a pulsão e o mundo exterior. E enfatiza que o que distingue as pulsões umas das outras e lhes confere propriedades específicas é sua relação com suas fontes somáticas e suas metas, entendendo como fonte um processo excitatório em um órgão, e como meta imediata a supressão desse estímulo orgânico. Em 1915, em "A pulsão e suas vicissitudes", reforçou ainda mais essa opinião, reafirmando que entre as principais características das pulsões está sua origem em fontes de estimulação dentro do organismo: a pulsão é o "representante psíquico dos estímulos que se produzem no organismo e chegam à mente, como

---

[14] Nietzche. Aurora, p. 48.

[15] Ibidem, p. 48.

medida da demanda que se faz à mente de trabalhar como consequência de sua conexão com o corpo".[16]

Por vezes, chegou a especular sobre uma possível origem das pulsões diferente do puramente orgânico ou somático ou, pelo menos, algum processo de transformação que ocorreria nelas e que ampliaria essa concepção. Nos "Três ensaios sobre a teoria da sexualidade", por exemplo, se refere às origens da pulsão sexual em três processos: (a) pela reprodução de uma satisfação vivenciada em relação a outros processos orgânicos; (b) pela estimulação periférica apropriada das zonas erógenas e, ainda, (c) como expressão de 'algumas pulsões cuja origem ainda não compreendia bem'.

Já em "A pulsão e suas vicissitudes", prossegue afirmando que "claro que nada nos impede de supor que as próprias pulsões sejam, pelo menos em parte, precipitadas pelos efeitos da estimulação externa, que no curso da filogênese provocou mudanças na substância viva".[17]

E ainda, em "O Eu e o Id", especula que a "sublimação" é "a vicissitude mais importante que uma pulsão pode experimentar". Em geral, apenas supõe que nela tanto o objeto quanto a finalidade são modificados. O que era originalmente uma pulsão sexual encontra satisfação em alguma realização que não é mais sexual, mas de valoração social ou ética superior. Ou seja, apesar de postular apenas como uma transformação da pulsão sexual, com a hipótese da sublimação abre um espaço para uma maior interação entre a pulsão e o mundo exterior. Porém, a concepção de "sublimação" nunca foi detalhada por ele em profundidade.

---

[16] Freud (1915b). A pulsão e suas vicissitudes, p.127.

[17] Ibidem, p. 126.

E qual seria a consequência de ampliar a perspectiva freudiana das pulsões para compreendê-las como intimamente ligadas e dependentes dessa exterioridade de que nos fala Nietzsche? No mínimo, nos convidaria a repensar a suposição de Freud de que "todos os instintos são qualitativamente semelhantes e devem o efeito que causam apenas à quantidade de excitação que trazem dentro de si mesmos".[18] Na época, Freud se contentava em supor que "o que distingue os efeitos mentais produzidos pelos diversos instintos entre si pode ser encontrado na diferença em suas fontes". Mas ele mesmo alertou para a necessidade de que "numa relação posterior" possamos esclarecer melhor o que significa o problema da qualidade do instinto.

Nessa perspectiva ampliada, podemos então assumir que os diferentes instintos que se originam no corpo e agem sobre a mente também se distinguem por diferentes qualidades e, portanto, se comportam de maneiras qualitativamente diferentes na vida mental?

Em primeiro lugar, deve-se notar que, como vimos no capítulo 5, para Nietzsche, é preciso pensar o instinto como produto de processos. Assim, para explicar a natureza das forças em ação, é necessário considerar os processos que o levaram a isso. Os elementos que intervêm nesse processo são múltiplos e constitutivos da historicidade do homem. Alguns deles, muito antigos, vêm do longo período pré-histórico do animal-homem. Outros mais recentes serão incorporados em épocas mais próximas, nas últimas gerações. Outros têm sua fonte geradora no contexto familiar, econômico, social e cultural. Portanto, para Nietzsche, o caráter original do instinto é uma ilusão. Na perspectiva nietzschiana, a vida pulsional pertence à natureza, mas as formações têm a marca da historicidade. O filósofo sustenta que ao

---

[18] Freud (1915). O Instinto e suas vicissitudes, p. 129.

longo da história implantamos um novo hábito, um novo instinto, uma nova natureza, de modo que a primeira natureza seca e cai.

Ainda é preciso considerar que, assim como para Freud, o instinto nietzschiano é efetivamente uma força "míope". Nas palavras do professor José Jara: "Todos os julgamentos dos instintos são míopes em relação à cadeia das consequências: eles aconselham sobre o que deve ser feito imediatamente". Ou seja, eles não pensam, eles não julgam. É justamente por isso, por não terem inteligência, que precisam ser "interpretados", isto é, que suas forças sejam orientadas, conduzidas em alguma direção. Assim, é precisamente a miopia dos instintos que converte todos os qualificativos de valor que podem ser atribuídos a eles em sentimentos e afetos, que aparecem assim como sendo sua segunda natureza moral, recebida de fora.

A expansão aportada pela perspectiva nietzschiana pode lançar uma nova luz sobre o "problema da qualidade do instinto" colocado por Freud, desafiando-nos a repensar, ou pelo menos complementar, o pressuposto freudiano inicial de que "todos os instintos são qualitativamente semelhantes" e devem o efeito que causam apenas à quantidade de excitação que trazem dentro de si mesmos."

A perspectiva nietzschiana pode ser assim resumida:

> Daqui se pode apreciar, mais uma vez, a impossibilidade de conferir um caráter substancial às forças da vontade, já que elas, como toda força, estão submetidas ao fluxo e refluxo ou à luta entre si, dentro de si mesmas e nos âmbitos da sociabilidade que se manifestaram ao longo da história. Sua quantidade e vigor não estão predeterminados por nenhuma qualidade ou valor específico, pois isso é algo que elas, ao contrário, podem adquirir a partir da rede de relações em que estão inseridas" (grifo acrescentado). Sob certas modificações de quantidade, surge o que sentimos como uma

> qualidade diferente. Isso acontece também no moral. Aqui surgem sentimentos laterais do que é benéfico, útil, para quem percebe uma propriedade humana em um determinado quantum; duplicada ou triplicada, tem temor diante dela [...].[19]

Nesta linha, se continuarmos um pouco mais na perspectiva nietzschiana do instinto, que fala de instinto quando qualquer julgamento se tornou corpo, de modo que ele se move agora espontaneamente e não precisa esperar um estímulo, podemos ir um pouco mais longe e distinguir pelo menos dois tipos de instintos: os "instintos naturais" e os "instintos morais", qualitativamente diferentes. O primeiro tipo com uma carga fortemente orgânica e os outros, "morais", que aparecem como mais "fracos" ou como munidos de maiores recursos em relação àqueles.

O que postula é que os instintos são transformados pelos julgamentos morais. Eles adquirem uma "segunda natureza" quando entram em relação com outros instintos que já receberam o "batismo do bem e do mal", ou são considerados como atributo de um ser que o povo tem caracterizado e avaliado já do ponto de vista moral.[20] Ou seja, os instintos humanos são capazes de receber uma segunda natureza a partir dos preceitos e valorações contidos nos costumes e na moral vigentes numa sociedade.

Ao ampliar a concepção de pulsão para incluir também essa "segunda natureza", abrimos espaço para uma das principais contribuições que Nietzsche poderia aportar à psicanálise: colocar a moral como um problema em seu campo, entendendo-a como algo contrário de um dado pacífico e autônomo, como sustentava Freud.

---

[19] Jara (2018). Nietzsche un pensador póstumo, p. 219.

[20] Nietzche. Aurora, p. 48.

Mais do que problematizar, o filósofo também pode contribuir com suas sofisticadas ferramentas de avaliação crítica dos valores morais, seu "procedimento genealógico".

Cultura, religião e moral

A abordagem da cultura em Nietzsche e em Freud está intimamente ligada às pulsões: eles a examinam em termos de "doença", como obstáculo crônico à satisfação instintiva, pulsional. Seguem caminhos diferentes, mas, no final, seus objetivos coincidem: saber se, e em que medida, é possível reduzir a carga dos sacrifícios instintivos, ou pulsionais, impostos aos homens pela cultura, reconciliá-los com aqueles que necessariamente devem permanecer e fornecer-lhes uma compensação.

Ambos concluem que nossa cultura é inadequada às nossas exigências de um plano de vida que nos torne felizes. Pelo contrário, é uma fonte inesgotável de sofrimento, que provavelmente poderia ser evitado. Acreditam, porém, que podemos, gradualmente e dentro de limites, realizar alterações na cultura para que ela possa atender melhor às nossas necessidades e anseios. A proposta de Nietzsche passa pela transvaloração dos valores, pela necessidade de superação de si mesmo, criando uma nova forma de sentir, pensar e avaliar, ou seja, ir em direção ao Super-homem. Por mais utópico que possa parecer a aspiração nietzschiana, não é muito diferente daquilo que, em última análise, Freud busca com sua Psicanálise: libertar o homem e a humanidade da "ilusão" e retomar sua difícil tarefa de assumir sua singularidade. Ambos alimentaram uma semente de otimismo sobre a possibilidade de emancipação do homem – e até mesmo da humanidade.

Um tema recorrente em suas análises da cultura é a religião. Nietzsche assume uma posição mais extrema - e contrária - sobre o valor e a função das doutrinas religiosas. Freud, por sua vez, restringe-se a reconhecê-las, em seu sentido psicológico, como ilusões. Mas, ambos entendem que estamos superestimando a necessidade da religião para a humanidade e que não fazemos bem em basear nela nossas exigências culturais. Ambos acreditam que abandonar Deus completamente e admitir com honestidade a origem puramente humana de todos os regulamentos e preceitos da civilização constituiria um importante avanço no caminho que leva à reconciliação do homem com o fardo da cultura. Ao final, em relação à cultura e à religião, Freud e Nietzsche se aproximam em suas compreensões e elaborações.

Por outro lado, em relação ao papel que atribuem à moral em suas teorias e prescrições práticas, diferem significativamente. Por isso, a dimensão da moral é talvez uma das áreas mais férteis a explorar no confronto das duas obras. A atitude geral e pessoal de Freud em relação à moral é, paradoxalmente, sua recusa em colocá-la como um problema. Assim, para ele, a crítica da moral não é o essencial, nem o novo, nem uma tarefa do psicanalista. Para Nietzsche, ao contrário, acabou sendo a nova e essencial tarefa.

É uma diferença radical de pontos de vista em relação à moral e, consequentemente, sobre o papel da Lei em suas teorizações e na "terapia" por eles proposta. Em Nietzsche, a Lei só aparece no contexto da doença-moral, enquanto em Freud ela estabelece uma espécie de dialética do desejo, na qual se apresenta como termo necessário para a constituição ou mesmo fundação do inconsciente. Para Freud, a neurose é a má relação com a Lei e com o Complexo Paterno, e a função da análise é reajustar. Para Nietzsche, a doença-moral deve ser superada por meio de uma mudança radical de valores – uma transvaloração, como apresentado no capítulo 2.

Paul-Laurent Assoun fornece uma ilustração esclarecedora da diferença entre as duas percepções e posições em relação à Lei: o contraste entre o discurso de Zaratustra em que fala "Das velhas e novas tábuas" e a imagem de Moisés estilizada por Michelangelo, descrita e interpretada por Freud.

A imagem que Nietzsche traz é:

> O grito de Zaratustra é o do profeta que espera sentado "cercado por velhas tábuas quebradas e novas tábuas escritas pela metade" [Assim falou Zaratustra, terceira parte]. [...] "Ó meus irmãos, quebrem, quebrem essas velhas tábuas para mim", exorta Zaratustra. Então, a criação autêntica torna-se possível e é possível completar as novas tábuas. A transvaloração implica a imagem de quebrar e reescrever em outro lugar.[21]

Enquanto a imagem da estátua de Moisés, representada por Michelangelo, é assim interpretada por Freud:

> A imagem do profeta é a de um Moisés sentado, com o tronco para a frente, a cabeça com uma barba poderosa e o olhar para a esquerda (…), com o braço direito segurando as Tábuas da Lei. Freud, porém, percebe, nessa imobilidade, uma inversão: “As Tábuas estão aqui ao contrário. Tratamento raro para esses objetos sagrados. Elas estão ao contrário e em equilíbrio instável, em um extremo". Isso lhe permite imaginar cinemáticas surpreendentes, durante as quais a imobilidade primitiva (Moisés sustentando as tábuas) foi interrompida por uma desordem (oscilação das tábuas sob o efeito da violência da reação sucessiva ao ruído da desordem),

---

[21] Assoun (1991). Freud y Nietzsche: semelhanças e dessemelhanças, p.296.

> depois o movimento de retenção, que evita que as tábuas caiam no chão e se quebrem, virando-as ao contrário. Aqui, portanto, nada foi quebrado, mas há uma inversão que leva o vestígio simbólico do risco de quebra. Não há tábuas novas, mas a rotação das antigas. Um arranjo que, no entanto, traz a marca que é ao mesmo tempo indelével e supera a hesitação apaixonada do desejo que as fez oscilar.[22]

Nietzsche, propondo que "sejam quebradas as velhas tábuas" para que "se escrevam melhores", defende a necessidade e a possibilidade de construir uma nova Lei, novos valores, mais coerentes com o "corpo", com a terra, com a natureza. Freud, ao contrário, entende que a salvação ocorrerá dentro da Lei, que doma o desejo e o salva de si mesmo. Como assinala Assoun, "para Nietzsche, curar o homem é fazê-lo superar o homem e a Lei, enquanto, para Freud, curar o homem é fazê-lo superar a distância entre seu desejo e a Lei".[23]

Em suma, os diagnósticos parecem coincidir: as tensões entre indivíduos e cultura são reais, mas não parecem totalmente intransponíveis. No entanto, Nietzsche tem uma vantagem ímpar sobre os psicanalistas: ter feito de seu procedimento genealógico uma prática de avaliação crítica dos valores morais, abrindo espaço para transformá-los em direção a uma ética pessoal. Assim, trazer mais de Nietzsche e de seu procedimento genealógico para o campo psicanalítico pode ter consequências importantes não apenas no nível teórico, mas também no nível clínico, em particular, a de saber que tipo de homem queremos ajudar a construir, se um criador de valores ou aquele que simplesmente os reproduz.

---

[22] Ibidem, p. 296.

[23] Ibidem, p. 297.

Na esfera da experiência ontológica de cada um, há sempre espaço para a difícil e inalienável, mas indispensável, tarefa ética, ainda que não possa escapar por completo da submissão às pulsões do corpo e às exigências da cultura, ou melhor, dos "instintos morais" nietzschianos, que também passam pelo nosso corpo e nele se tornam carne. Esse seria o desafio para cada um: assumir a própria vida sem subterfúgios, consolações ou ilusões metafísicas e tentar, na medida do possível, fazer dela uma obra de arte, uma invenção permanente de si mesmo. Nas palavras de Nietzsche: "nós queremos ser os poetas de nossas vidas e, antes de tudo, do menor e do mais cotidiano".[24]

Como aponta o professor José Jara, essa é uma das tarefas mais importantes e difíceis que Nietzsche atribui aos "homens futuros", "dar estilo ao próprio caráter", ou seja, a tarefa ética. Disse Nietzsche:

> Dar estilo ao próprio personagem – uma arte grande e rara! É exercido por aquele cuja visão engloba todas as forças e fraquezas que sua natureza lhe oferece, e depois adapta a elas um plano artístico até que cada uma apareça como arte e razão, onde até a fraqueza encanta o olho [...] Pois uma coisa é necessária: que o homem alcance sua satisfação consigo mesmo – seja através desta ou daquela poetização e arte: pois só assim se torna plenamente suportável olhar para o homem! Quem está insatisfeito consigo mesmo está constantemente disposto a se vingar por isso: o resto de nós seremos suas vítimas, mesmo que seja tendo que suportar seu feio olhar. Pois o olhar do que é feio é ruim e ensombrece.[25]

---

[24] Nietzsche apud Jara (2018).

[25] Nietzsche apud Jara (2018), p. 173.

Não obstante, transformar-se, dar estilo ao caráter, é uma tarefa árdua e profunda, pois exige uma transvaloração de valores historicamente herdados, que já habitam nosso Corpo, como "instintos morais". Além disso, como Nietzsche aponta em Aurora, quando o hábito é herdado nesse nível, os pensamentos por trás dele não são co-herdados, apenas os sentimentos.

Mas, como adverte o professor José Jara, não se trata de herança entendida como biológico-genética, mas no sentido amplo das relações sociais que historicamente se tornaram Corpo nos homens, a ponto de converter as ações que derivam das forças configuradoras da vontade em sentimentos e em afetos, até que tenham a instantaneidade e a fixidez que comumente se aceita atribuir aos instintos e às ações que deles procedem.[26]

Por isso, ressalta: "todo homem tem que recomeçar, e muitas vezes com mais de um esforço, o longo périplo em direção à compreensão e ao domínio dos conceitos, ideias e valores com os quais seus semelhantes tentam dar ordem e sentido a suas ações, e isso começa com o aprendizado do alfabeto e do um mais um".[27] Nesse contexto, o procedimento genealógico de Nietzsche é uma ferramenta útil e promissora que a psicanálise poderia utilizar para enfrentar a difícil tarefa de capacitar melhor o sujeito para lidar com o "mal-estar" de viver na civilização – e consigo mesmo.

---

[26] Jara (2018). Nietzsche un pensador póstumo.

[27] Ibidem, p. 199.

9 Conclusão (Resumo Executivo)

Neste trabalho, por uma triangulação de teorias, confrontei construções teóricas freudianas e nietzschianas, especialmente no que diz respeito às temáticas do inconsciente, do aparelho psíquico, do sujeito, da pulsão e da cultura, da religião e da moral. Observei esses conceitos de diferentes ângulos para produzir uma compreensão de como distintos pressupostos e premissas os afetam, tentando extrair lições e aportes para o campo psicanalítico. A utilização dessa estratégia permitiu-me ter uma abordagem mais abrangente desses fenômenos e construtos, devido à multidisciplinaridade que proporciona, uma vez que as fragilidades de uma área do conhecimento podem tornar-se a força da outra e assim ultrapassar as suas limitações.

Parto da premissa de que nenhum discurso, tomado isoladamente, pode dar conta da complexidade dos fenômenos aqui estudados, mas todos podem lançar algo de luz sobre eles. O que busquei, a partir de uma comparação com a abordagem nietzschiana, foi obter uma perspectiva mais ampla dos conceitos e construções teóricas da psicanálise freudiana, e não questionar sua validade. Minha intenção, ao final, é assinalar e explorar sua complexidade e, por sua vez, tentar criar oportunidades para que novas abordagens teóricas possam surgir e, quem sabe, desencadear alguma contribuição para a clínica psicanalítica.

O diálogo entre as obras de Nietzsche e Freud aqui realizado indica, mais uma vez, que as concepções de inconsciente, aparelho psíquico, sujeito, pulsão, cultura, religião e moral são pontos de articulação importantes e promissores para se tentar extrair lições e contribuições para a teoria e a clínica psicanalíticas. Assim, sem ser exaustivo, resumo a seguir as principais reflexões desenvolvidas neste trabalho que fornecem uma pequena amostra do que poderia ser extraído a partir do rico debate das teorias desses dois grandes pensadores.

Inconsciente

As concepções de inconsciente em Nietzsche e no pensamento inicial de Freud, especialmente do ponto de vista exposto no Projeto de 1895, mostram grande semelhança. Mas, a partir do momento em que Freud passa a atribuir uma primazia do Complexo de Édipo na formação do inconsciente, ele se afasta da concepção nietzschiana. Em Nietzsche, a codificação da subjetividade pelas formas e valores que compõem a família tradicional não reina sozinha, nem é imperativa. O filósofo traz uma perspectiva mais ampla da vida inconsciente, como a manifestação das "forças que atravessam o corpo". Trazer a concepção nietzschiana do inconsciente para o universo da teoria psicanalítica pode significar uma contribuição promissora na exploração do novo contexto em que vivemos, a pós-modernidade, com seus novos sintomas (depressão, bulimia, anorexia, novos tipos de vícios, hiperatividade etc.), cada vez mais ligados ao declínio da função paterna. No entanto, fazemos a ressalva de que valorizar essa noção mais ampla do inconsciente não significa negar as questões de transmissão dos códigos familiares, nem ignorar o papel nuclear desempenhado pela família e pela sexualidade infantil.

Aparelho psíquico

Tanto Nietzsche quanto Freud ensaiam seus próprios modelos do aparelho psíquico humano, que apresentam grande semelhança entre si, pois o Si-mesmo e o Eu do filósofo formam um par homólogo ao par freudiano Isso-Eu. Mas também há diferenças significativas. A mais notável, conceitual e operacionalmente, é que, em Nietzsche, o Eu forma um par exclusivo com o Si-mesmo, enquanto no modelo freudiano opera uma terceira instância psíquica, o Supereu. Na estrutura nietzschiana, poderíamos inferir que o Supereu seria apenas uma doença, uma infecção da sabedoria do Corpo. Seria mais um sintoma patológico (a ser superado) do que uma instância psíquica. Na perspectiva nietzschiana, seu desenvolvimento não é um processo natural, mas histórico, que cria e introjeta no "homem ressentido" valores adversos à vida, entendida como Vontade de poder. Como históricos, criados pelo homem, esses valores podem ser alterados, "transmutados" em favor da vida e da saúde do animal-homem.

Sujeito

Freud e Nietzsche são igualmente críticos da ideia de "sujeito" como um substrato consciente. Mas, o filósofo vai além, postulando que uma pluralidade de sujeitos é o que realmente vive em nosso Corpo, não um "sujeito" transparente e unitário. Defende que essa pluralidade do sujeito não pode ser negligenciada. Pode ser proveitoso para os psicanalistas estarem abertos a essa interpretação alternativa: pode não ser necessária a suposição de um "sujeito"; é igualmente legítimo supor uma pluralidade de sujeitos cujo jogo conjunto e luta se encontram na base do nosso pensar e, em geral, da nossa consciência. Aceitar essa hipótese significa estar aberto também à entender o "sujeito" como marcado pela "transitoriedade e fugacidade".

Pulsão/Instinto

Uma primeira diferença é que, para Nietzsche, há uma diversidade heterogênea e conflitante de instintos, cada um pressionando para um lado, remetendo a unidade à categoria de aparência. A realidade, para ele, é atribuída a essa efervescente pluralidade de instintos. Toda atividade humana, aparentemente unitária, acaba sendo um mar de instintos unidos, agrupados, mas sem se fusionar. Essa perspectiva contrasta com a visão essencialmente dualista e fusional de Freud, que postula uma realidade pulsional composta por pares de pulsões fusionadas (pulsão do ego/pulsão sexual; pulsão de vida/pulsão de morte), as quais, atuando uma contra a outra ou em combinação entre si, produzem toda a diversidade dos fenômenos da vida. Assim, Nietzsche clama por um exercício de superação do modo de pensar simplificada por antíteses, que serve a um esforço de redução da complexidade da realidade.

Outra diferença marcante é que, para o filósofo, os instintos não são autossuficientes, precisam ser nutridos. Essa nutrição é obra do acaso. É o azar das vivências e experiências de cada dia, do cotidiano da vida. Portanto, fazem parte da nossa interioridade (do "Si-mesmo"), mas também são inseparáveis de tudo que os cerca. Ou seja, são "uma magnitude variável" dependendo de qual seja o efeito produzido pelos diversos acontecimentos que configuram as circunstâncias e experiências cotidianas. Para Freud, ao contrário, a concepção da pulsão seguiu um caminho cada vez mais desconectado da interação com o mundo exterior, e mais ainda da vida cotidiana. E enfatiza que o que distingue as pulsões umas das outras e lhes confere propriedades específicas é sua relação com suas fontes somáticas e suas metas, entendendo como fonte um processo excitatório em um órgão, e como meta imediata a supressão desse estímulo orgânico. Isso convida a repensar a suposição de Freud de que "todos os instintos são qualitativamente semelhantes e devem o efeito que causam apenas à quantidade de excitação que trazem dentro de si".

Para Nietzsche, é preciso pensar o instinto como produto de processos. Os elementos que intervêm nesse processo são múltiplos e constitutivos da historicidade do homem. Para o filósofo, a vida pulsional pertence à natureza, mas as formações têm a marca da historicidade. Postula que os instintos são transformados por juízos morais e adquirem uma "segunda natureza" quando entram em relação com outros instintos que já receberam o "batismo do bem e do mal", ou seja, do que já é avaliado do ponto de vista moral. Já Freud se contentava em supor que o que distingue os efeitos mentais produzidos pelos diversos instintos entre si pode ser encontrado na diferença de suas fontes orgânicas. Ao expandir a concepção de pulsão para incluir também essa "segunda natureza", abre-se espaço para uma das principais contribuições que Nietzsche poderia aportar à psicanálise: colocar a moral como problema em seu campo.

Cultura, religião e moral

Nietzsche e Freud examinam a cultura em termos de "doença", como um obstáculo crônico à satisfação instintiva, pulsional. Concluem que nossa cultura é uma fonte inesgotável de sofrimento, que provavelmente poderia ser evitado. Quanto à religião, entendem que erramos ao basear nela nossas exigências culturais. Acreditam que "abandonar a Deus" constituiria um importante avanço no caminho que leva à reconciliação do homem com o fardo da cultura. Por outro lado, em relação à moral eles diferem significativamente. Freud acredita que a crítica da moral não é o essencial, nem o novo, nem uma tarefa do psicanalista. Para Nietzsche, ao contrário, acabou sendo a nova e essencial tarefa. Para o filósofo, a doença-moral deve ser superada por meio de uma mudança radical de valores – uma transvaloração –, criando novos valores, mais condizentes com o "corpo", com a terra, com a natureza. Freud, em compensação, entende que a salvação se dará dentro da Lei, que doma o desejo e o salva de si mesmo. Repensar, em termos nietzschianos, o problema da moral no campo da psicanálise poderia ajudar, por meio do procedimento genealógico, a construir uma prática de avaliação crítica dos valores morais, abrindo espaço para transformá-los em uma ética pessoal, solução defendida tanto por Freud quanto por Nietzsche.

10 Referências bibliográficas

Assoun, P. (1991). Freud e Nietzsche: semelhanças e dessemelhanças. Editora Brasiliense. 2ª edição.

Benavides, M. O. y Gómez-Restrepo, C. (2005). Métodos en investigación cualitativa: triangulación. Revista Colombiana de Psiquiatría, vol. XXXIV/No. 1/2005.

Ceccarelli, Paulo Roberto. (2007). Freud traído. Reverso, 29(54), 43-53. Recuperado em 31 de outubro de 2020, de http://pepsic.bvsalud.org/scielo.php?script=sci_arttext&pid=S0102-73952007000100007&lng=pt&tlng=pt.

Denzin, N. K. (1970). The Research Act: A Theoretical Introduction to Sociological Methods. New Jersey: Transaction Publishers.

Di Matteo, V. (2007) Subjetividade e cultura em Freud: ressonância do "mal-estar" conteporâneo. Dossiê Filosofia e Psicanálise. Revista Discurso, Nº 36.

Di Matteo, V. (2011) Nietzsche y Freud: pensadores da modernidade. Revista Filosofia, Aurora, Curitiba, v. 23, n. 33, p. 269-286, jul./dez. 2011

Frazer, J. G. (1910) Totemism and Exogamy. London. Macmillan.

Freud, S. (1905). Três Ensaios sobre a teoria da Sexualidade. Edição Standard Brasileira das Obras Completas de Sigmund Freud, vol. VII. Rio de Janeiro: Imago, 1996.

_________ (1913 [1912-13]) Totem e tabu. Edição Standard Brasileira das Obras Completas de Sigmund Freud, vol. XIII. Rio de Janeiro: Imago, 1996.

_________ (1914a) A história do movimento psicanalítico. Edição Standard Brasileira das Obras Completas de Sigmund Freud, vol. XIV. Rio de Janeiro: Imago, 1996.

_________ (1914b) Sobre o narcisismo: uma introdução. Edição Standard Brasileira das Obras Completas de Sigmund Freud, vol. XIV. Rio de Janeiro: Imago, 1996.

_________ (1915a) O Inconsciente. Edição Standard Brasileira das Obras Completas de Sigmund Freud, vol. XIV. Rio de Janeiro: Imago, 1996.

_________ (1915b) O Instinto e suas vicissitudes. Edição Standard Brasileira das Obras Completas de Sigmund Freud, vol. XIV. Rio de Janeiro: Imago, 1996.

_________ (1915c) Repressão. Edição Standard Brasileira das Obras Completas de Sigmund Freud, vol. XIV. Rio de Janeiro: Imago, 1996.

_________ (1916). Alguns Tipos de Caráter Encontrados no Trabalho Psicanalítico. Edição Standard Brasileira das Obras Completas de Sigmund Freud, vol. XIV. Rio de Janeiro: Imago, 1996.

_________ (1917 [1915]) Luto e melancolia. Edição Standard Brasileira das Obras Completas de Sigmund Freud, vol. XIV. Rio de Janeiro: Imago, 1996.

_________ História de Uma Neurose Infantil (1918 [1914]). Edição Standard Brasileira das Obras Completas de Sigmund Freud, vol. XVII. Rio de Janeiro: Imago, 1996.

_________ (1919a). O Estranho. Edição Standard Brasileira das Obras Completas de Sigmund Freud, vol. XVII. Rio de Janeiro: Imago, 1996.

_________ (1919b). Uma criança é espancada: Uma contribuição ao estudo da origem das perversões sexuais. Edição Standard Brasileira das Obras Completas de Sigmund Freud, vol. XVII. Rio de Janeiro: Imago, 1996.

_________ (1920) Além do princípio de prazer. Edição Standard Brasileira das Obras Completas de Sigmund Freud, vol. XVIII. Rio de Janeiro: Imago, 1996.

_________ (1921) Psicologia de grupo e a análise do eu. Edição Standard Brasileira das Obras Completas de Sigmund Freud, vol. XVIII. Rio de Janeiro: Imago, 1996.

_________ (1923 [1922]) Dois verbetes de enciclopédia: Psicanálise e Teoria da Libido. Edição Standard Brasileira das Obras Completas de Sigmund Freud, vol. XVIII. Rio de Janeiro: Imago, 1996.

_________ (1923) O ego e o id. Edição Standard Brasileira das Obras Completas de Sigmund Freud, vol. XIX. Rio de Janeiro: Imago, 1996.

_________ (1927) O futuro de uma ilusão. Edição Standard Brasileira das Obras Completas de Sigmund Freud, vol. XXI. Rio de Janeiro: Imago, 1996.

_________ (1930 [1929]) O mal-estar na civilização. Edição Standard Brasileira das Obras Completas de Sigmund Freud, vol. XXI. Rio de Janeiro: Imago, 1996.

_________ (1939[1934-38]) Moisés e o monoteísmo três ensaios. Edição Standard Brasileira das Obras Completas de Sigmund Freud, vol. XXIII. Rio de Janeiro: Imago, 1996.

_________ (1940 [1938]) Esboço de psicanálise. Edição Standard Brasileira das Obras Completas de Sigmund Freud, vol. XXIII. Rio de Janeiro: Imago, 1996.

_________ (1950 [1895]). Projeto para uma Psicologia Científica. Edição Standard Brasileira das Obras Completas de Sigmund Freud, vol. I. Rio de Janeiro: Imago, 1996.

Itaparica, A. L. M. (2012). Cadernos Nietzsche 30, 2012.

Jara, J. (2018). Nietzsche un pensador póstumo. Editorial UV de la Universidad de Valparaíso. Colección Pensamiento. Primera Edición. Vaparaíso-Chile.

Lipovetsky, G. (2005) A sociedade pós-moralista: o crepúsculo do dever e a ética indolor dos novos tempos democráticos. Barueri: Manole.

Lustoza, R. Z., Cardoso, M. J. E e Calazans, R. (2014). Revista Ágora (Rio de Janeiro) v. XVII n. 2 jul/dez 2014. pp. 201-213.

Mariguela, M. A. (2001) Freud y Nietzsche: Ontogénesis y filogénesis. Revista Impulso. No 28.

Marton, Scarlett (1993). Nietzsche: a transvaloração dos valores. São Paulo: Moderna.

Mattos, A. S. (2011) A relação entre a linguagem e a consciência em Nietzsche e Freud. Anais do VII Seminário de Pós-Graduação em Filosofia da UFSCar.

Molina, S. L. (2017). El cuerpo y el devenir de las fuerzas en Nietzsche. Editorial Biblos, Buenos Aires.

Naffah Neto, A. (1997) Nietzsche e a psicanálise. Cadernos Nietzsche 2, p. 41-53.

Nietzsche, F. W. (1999). Além do bem e do mal: Prelúdio a uma filosofia do futuro. Trad.: Paulo César de Souza. 2.ed. São Paulo: Companhia das Letras.

___________ (2000). Humano demasiado humano: um livro para espíritos livres. Tradução Paulo César de Souza. São Paulo: Companhia das Letras.

___________ (2001a). Genealogia da moral: uma Polêmica. Trad. de Paulo César de Souza. São Paulo: Companhia das Letras.

___________ (2001b). Ecce homo — como alguém se torna o que é. Trad. Paulo César de Souza. São Paulo: Companhia das Letras.

___________ (2002). A Gaia Ciência. Trad. Paulo César de Souza. São Paulo: Companhia das Letras.

___________ (2003a). III Consideração Intempestiva: Schopenhauer Educador. In: . Escritos sobre Educação. Rio de Janeiro, Ed. PUC-Rio; São Paulo: Loyola.

___________ (2003b). Assim falou Zaratustra. São Paulo: Editora Martin Claret (Coleção A obra-prima de cada autor, v. 22).

___________ (2017). Crepúsculo dos ídolos: ou a filosofia a golpes de martelo. Editora Nova Fronteira. 5ª. Edição. Rio de Janeiro.

___________ (2006). Aurora. Bureau Editor. Buenos Aires, Argentina.

Zizek, S. (2008). A visão em paralaxe. São Paulo, Boitempo.

Made in the USA
Columbia, SC
25 September 2022